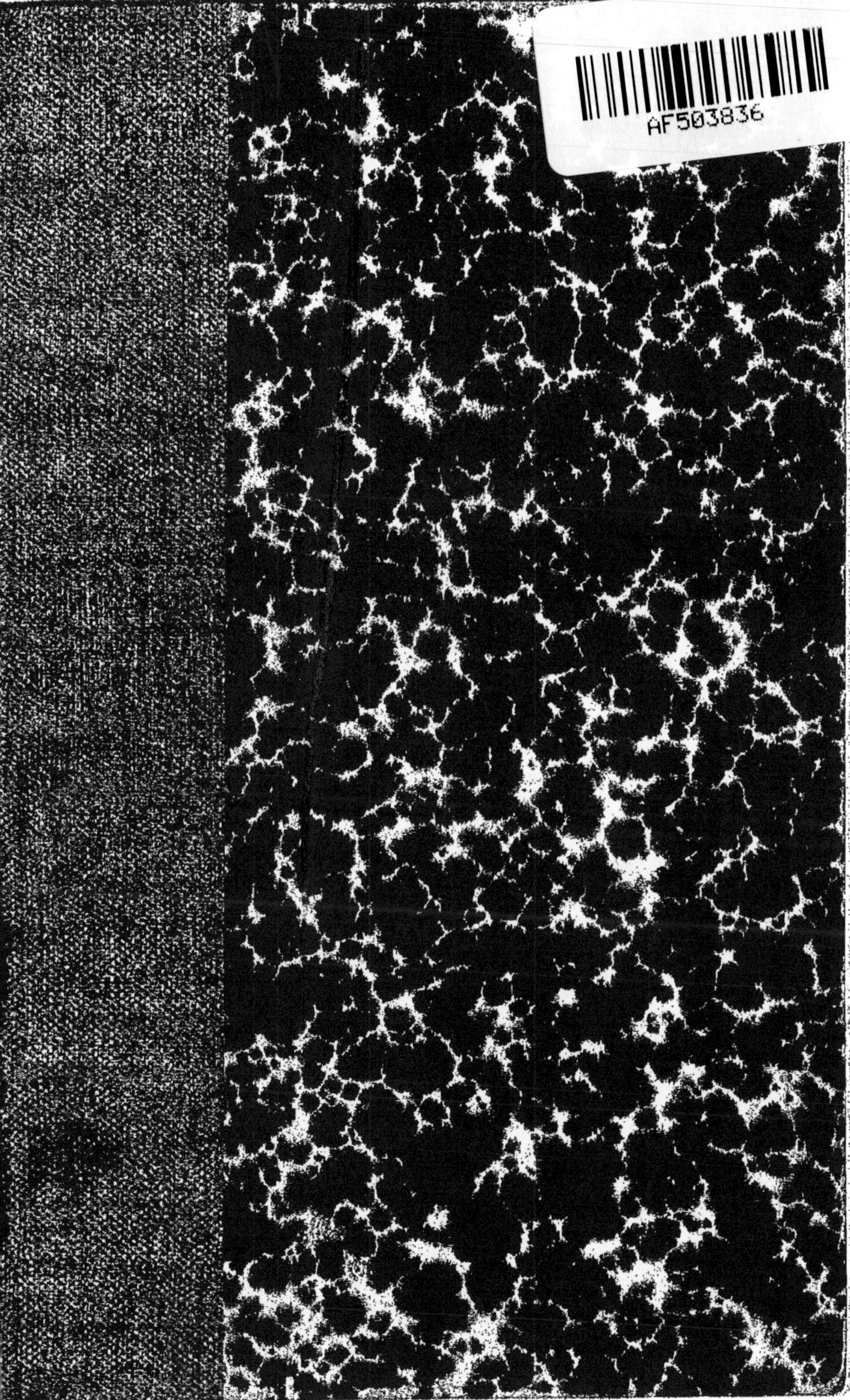

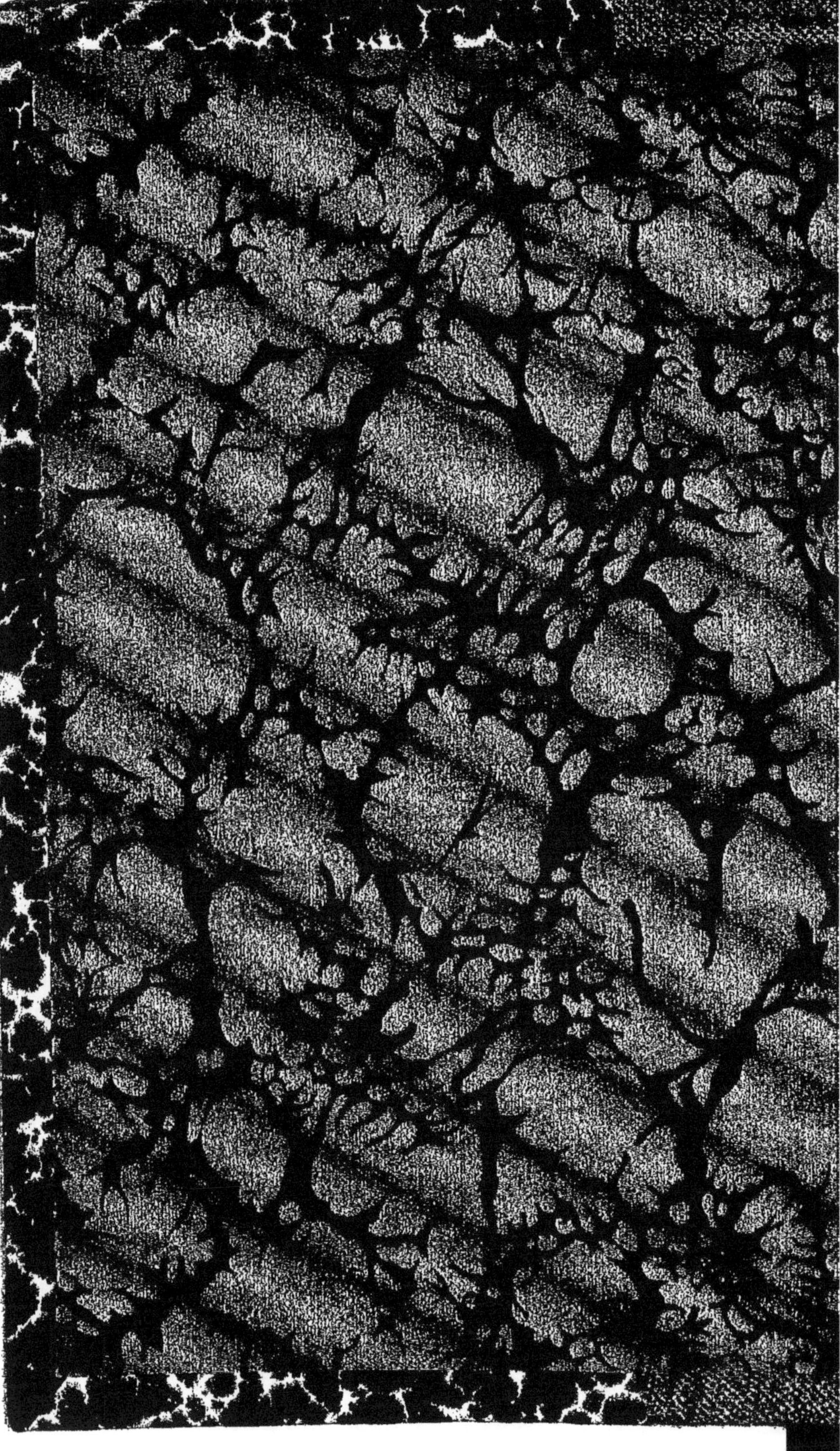

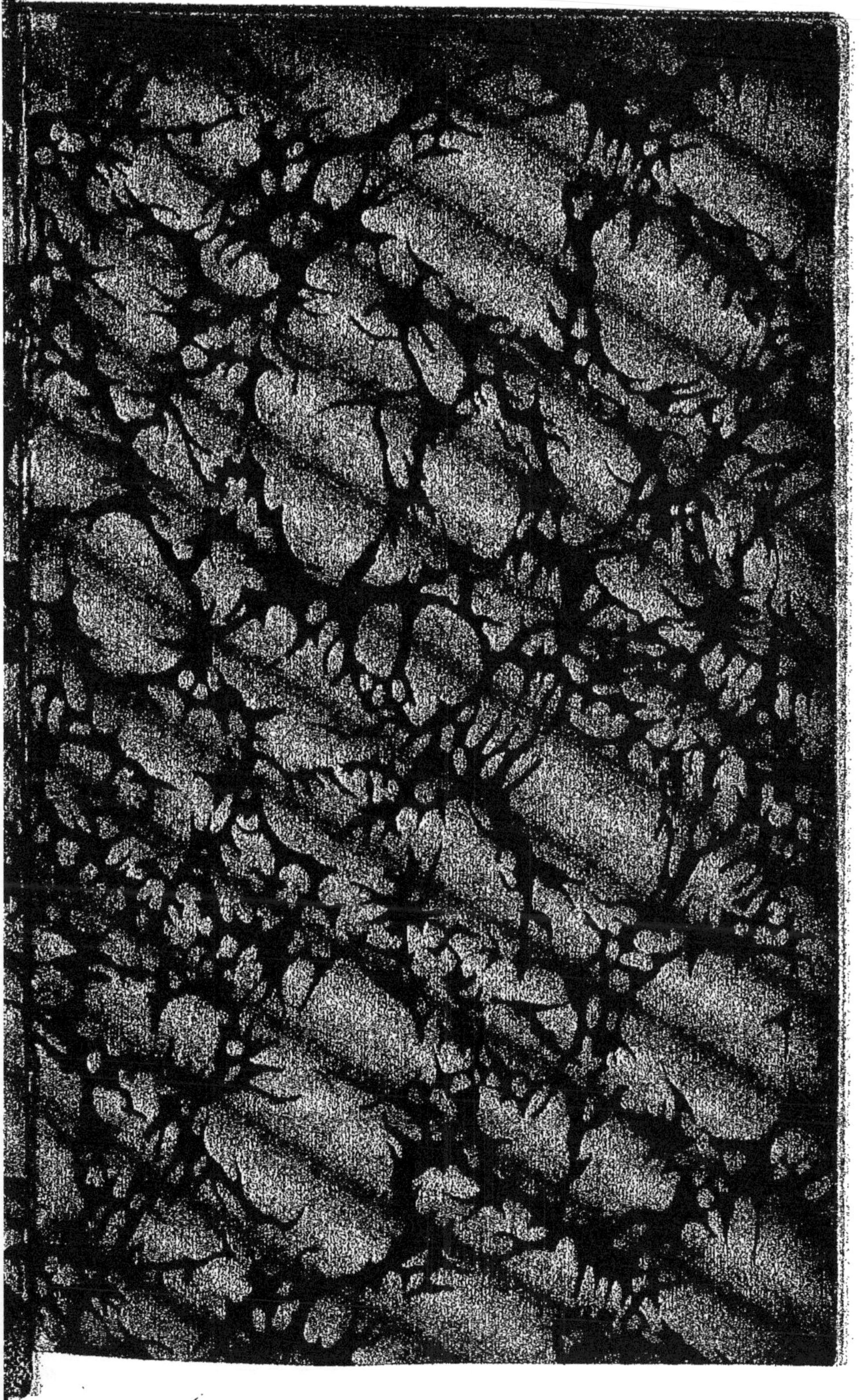

L'AMÉNAGEMENT

DE

LA PETITE USINE

MARCEL HEGELBACHER

INGÉNIEUR CIVIL

L'AMÉNAGEMENT

DE LA

PETITE USINE

AIR COMPRIMÉ - FROID - MANUTENTION DES
MARCHANDISES - EAU - ÉLECTRICITÉ - GAZ -
ACÉTYLÈNE - FORCE MOTRICE - ÉCLAIRAGE -
PROTECTION CONTRE LE VOL ET L'INCENDIE -
APPAREILS DE PRÉCISION - MOYENS DE
CHAUFFAGE - MÉTAUX ET HOUILLE

PARIS

LIBRAIRIE GARNIER FRÈRES

6, rue des Saints-Pères, 6

LIBRAIRES-ÉDITEURS

PRÉFACE

En rédigeant cet ouvrage, nous avons cru être utile à de nombreux industriels et à de nombreux artisans. Nous y avons donné des indications, sur un grand nombre de questions, touchant de près l'organisation de la « petite usine ».

Beaucoup de propriétaires d'usines ou d'ateliers, des pays envahis, vont être obligés de rétablir complètement leurs installations détruites. Ils chercheront certainement à doter leur établissement, des commodités et perfectionnements les plus modernes. Peut-être, pourront-ils puiser dans ce petit volume, toutes indications utiles.

Ce livre n'est, en quelque sorte, qu'une suite de renseignements ; il ne peut avoir la prétention, dans un cadre forcément restreint, de traiter à fond des sujets aussi importants, par exemple, que les applications industrielles de l'électricité. Le but que nous nous sommes proposé est de donner, pour chacune des questions envisagées, un résumé assez complet pour que le lecteur soit immédiatement à même de se rendre compte de l'application qu'il peut en faire dans son usine.

Nous espérons avoir suffisamment banni de notre texte les termes par trop techniques, afin d'être compris de tous ; et nous souhaitons bien vivement de venir ainsi en aide à nos lecteurs.

L'AMÉNAGEMENT

DE

LA PETITE USINE

CHAPITRE PREMIER

L'AIR COMPRIMÉ DANS L'INDUSTRIE

Les applications de l'air comprimé se sont multipliées d'une façon extraordinaire pendant ces dernières années ; on peut dire que l'air comprimé trouve son adaptation à toutes les industries.

Au cours des lignes qui vont suivre, nous signalerons les plus importantes de ces applications, en nous efforçant d'indiquer le principe général sur lequel elles reposent. L'énoncé même de ce principe pourra peut-être conduire certains de nos lecteurs à quelque idée d'application nouvelle dans l'industrie qui les occupe.

PRODUCTION DE L'AIR COMPRIMÉ

Au point de vue de la production de l'air comprimé, la ville de Paris se trouve dans des conditions exceptionnelles, car elle possède un réseau de canalisations qui distribuent, dans la capitale, l'air comprimé comme le gaz. Ce réseau a une longueur totale de 500 kilomètres ; l'air comprimé y circule jour et nuit à une pression de 5 kilos par centimètre carré ; le prix de vente est le suivant : un centime et demi le mètre cube pour la force motrice (machines-outils, moteurs, etc.), deux centimes pour les autres applications. Pour les fortes consommations, un tarif décroissant est appliqué.

La consommation de l'abonné est mesurée par un compteur, indiquant la quantité de mètres cubes utilisés. Mais il convient de faire remarquer que ces

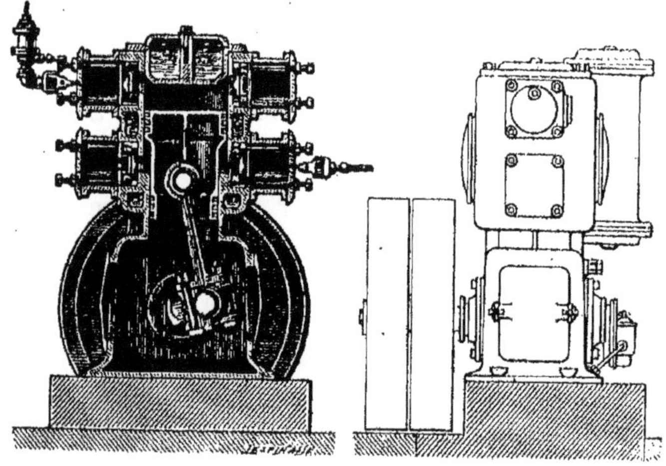

Fig. 1. — Compresseur d'air.

mètres cubes sont toujours ramenés à la pression de l'air non comprimé, c'est-à-dire à la pression atmosphérique.

Quant à l'usine de production de l'air comprimé de Paris, elle est située quai de la Gare, à Bercy ; elle comprime l'air au moyen de machines soufflantes de 2.000 chevaux : L'air est distribué dans des canalisations dont le diamètre varie de 500 $\frac{m}{m}$ à 40 $\frac{m}{m}$. Le développement des applications de l'air comprimé est tel, à Paris, que cette usine, d'une puissance totale de 8.000 chevaux, devient insuffisante, et qu'une autre usine, d'une puissance de 6.000 chevaux, est en montage rue Leblanc.

L'exemple de la Ville de Paris pourrait certainement être suivi par quelques villes importantes de province.

En dehors du cas spécial d'une ville alimentée par des canalisations urbaines d'air comprimé, ce dernier doit être fabriqué par des installations spéciales qui comprennent : un moteur (moteur à explosions, moteur à vapeur, moteur à gaz pauvre, dynamo, etc.) ; un compresseur ; un réservoir d'air. Le compresseur peut être simple ou compound : dans ce dernier cas, l'air, comprimé dans le premier cylindre, est envoyé dans le second où il reçoit une compression supplémentaire.

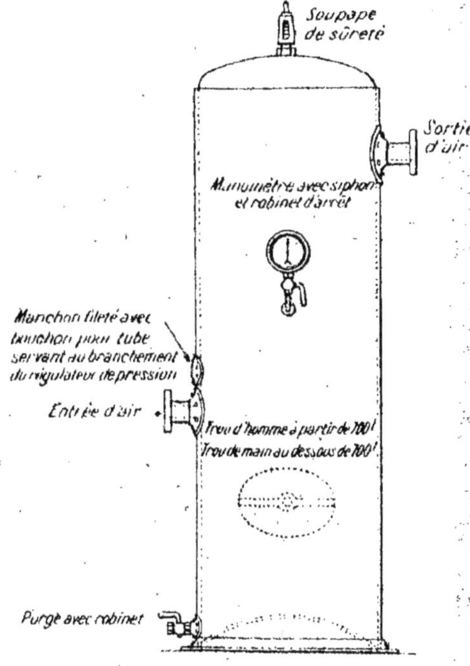

Fig. 2. — Réservoir à air comprimé.

Les applications de l'air comprimé peuvent se diviser en deux catégories : les applications industrielles et les applications courantes ou domestiques.

APPLICATIONS INDUSTRIELLES

Une des plus importantes applications de l'air comprimé se rencontre dans la métallurgie où il sert au fonctionnement du convertisseur Bessemer ; cet appa-

reil, qui permet de fabriquer l'acier, a révolutionné
la métallurgie : il est basé sur le soufflage de l'air au
travers de la fonte.

Une autre grande application de l'air comprimé est

Fig. 3. — Marteaux riveurs.
Exécution d'une chevalement de mine au Transvaal.

celle du fonçage des caissons étanches pour l'exécution des travaux en rivière ou dans les terrains où
l'eau est abondante. C'est ainsi qu'ont été effectués à
Paris les travaux du métropolitain sous la Seine.

Toute une série d'applications est basée sur l'emploi d'outils dans lesquels se trouve une pièce mobile que l'air comprimé chasse devant lui.

Lorsque la pièce mobile est arrivée au bout de sa course, un dispositif de canalisations fait que l'air est dirigé de l'autre côté de la pièce mobile qui revient alors en arrière. Dans certains cas, la pièce mobile dans son mouvement en avant entraîne un dispositif

Fig. 4. — Perforatrice dans un chantier.

de rotation auquel est fixé un foret, c'est le principe des perforatrices.

Nous allons trouver l'emploi de ces outils dans la métallurgie, le percement des tunnels, l'exploitation des carrières, les dérochements sous-marins, l'étude des gisements, le travail de la pierre.

En métallurgie, dans les fonderies, pour pilonner le sable des moules ou le ciment, on se sert de fouloirs pneumatiques actionnés par l'air comprimé. Dans la métallurgie également, l'air comprimé met en mouvement des burineuses, des riveteuses, des aléseuses, des perceuses, etc.

Dans le percement des tunnels, on fait usage de

Fig. 5. — Sculpture de la pierre.

perforatrices dont l'importance est considérable : les travaux du grand tunnel du Lœtschberg, en Suisse, récemment exécutés, ont fourni un exemple particulièrement intéressant de cette application de l'air comprimé. Dans l'exploitation des carrières et des mines, il est fait un grand usage de perforatrices et de haveuses. Il en est de même dans les dérochements sous-marins. Dans l'étude des gisements, on utilise des sondeuses comportant un tube intérieur,

FIG. 6. — Nettoyage d'une façade par le sablage.

dans lequel viennent s'entasser les matières à extraire du sol.

Dans le travail de la pierre, l'air comprimé est

aujourd'hui couramment employé et le nombre des machines-outils en service, notamment dans les mar-

FIG. 7. — Tambour à sabler.

breries de Carrare et de Turin, est considérable. L'ouvrier n'a plus qu'à diriger son outil, les efforts étant fournis par l'air comprimé. On fait ainsi les différents travaux de la pierre : épinçage, débitage, sculpture, traçage, polissage.

Toute une autre série d'applications de l'air comprimé est basée sur l'emploi d'un appareil dont le principe est celui du chalumeau. Dans cet appareil le jet d'air comprimé entraîne la matière que l'on veut projeter.

Le sablage repose sur l'usage d'un chalumeau de

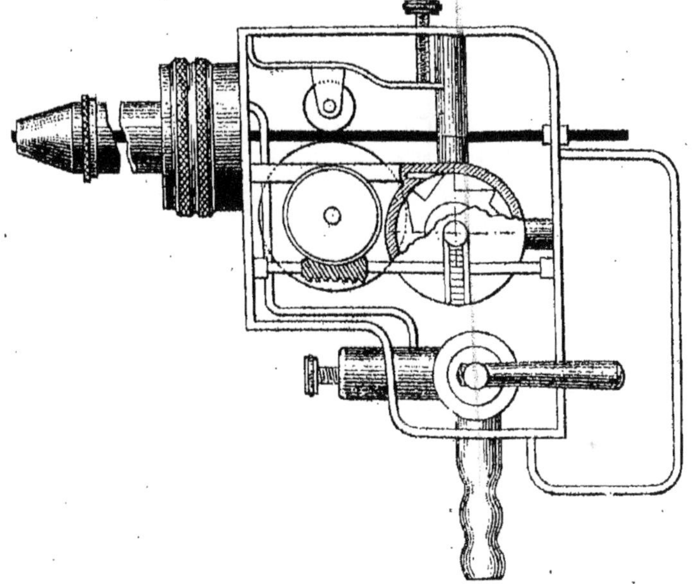

Fig. 8.

ce genre. Le sablage est une des plus récentes applications de l'air comprimé, et se développe d'une façon surprenante. Il consiste à projeter, par exemple sur la façade d'un immeuble, un jet de sable ; le nettoyage de la façade est ainsi parfait. On utilise le même principe pour le décapage des métaux, c'est-à-dire pour l'enlèvement de la rouille qui y adhère ; également pour le nettoyage des pièces destinées à l'émaillage

Fig. 9.
Métallisation d'un objet par le procédé Schoop.

et pour celui des plaques d'accumulateurs ; pour le polissage en bijouterie et en orfèvrerie.

Pour les grands travaux de peinture on ne se sert plus de pinceaux, mais de chalumeaux qui projettent la peinture sur les surfaces à peindre ; c'est ainsi que plusieurs viaducs du Métropolitain ont été enduits.

Une application toute récente de l'air comprimé a été signalée par le professeur d'Arsonval à l'Académie des Sciences. C'est celle de la métallisation des

Fig. 10. — Dépôt d'aluminium par le procédé Schoop.

objets. Un jet d'air comprimé entraîne le métal, mis en fusion par un gaz, comme l'hydrogène par exemple, sur la surface à métalliser. La méthode peut même être utilisée, sans aucune crainte de brûlures, pour métalliser des tissus. Elle se substitue à la galvano-plastie dans la plupart de ses applications et lui est supérieure pour la métallisation par l'aluminium, qui est impossible à réaliser par la galvanoplatie.

Les inondations de Paris, en 1910, ont appelé l'attention sur une nouvelle application de l'air comprimé pouvant rendre de grands services en empê-

Fig. 11.
Appareil à injecter du ciment par air comprimé.

chant bien des catastrophes ; il s'agit d'injections de ciment, faites sous pression, dans les terrains trop meubles et qui se laissent imbiber par l'eau. Le ciment transforme ainsi ces terrains en masse compacte. On a, de cette manière, solidifié dans ces dernières années plusieurs quais de la capitale. L'injection de ciment par l'air comprimé est également applicable aux bâtiments.

Dans la verrerie, l'air comprimé tend de plus en plus à remplacer le soufflage de l'air à la bouche qui avait de si graves inconvénients pour les ouvriers.

L'air comprimé actionne des locomotives, comme celles que l'on a employées sous le tunnel du Lœtschberg pendant les travaux, et des moteurs dont nous dirons un mot au chapitre de la force motrice.

Dans les abattoirs, l'air comprimé s'emploie à un usage fort curieux, celui du soufflage des peaux de chevaux abattus : ce soufflage décolle la peau qui est ensuite facile à enlever.

Signalons encore le fonctionnement des freins de chemins de fer, notamment du frein Westinghouse, le plus employé ; l'élévation des eaux par des pompes très simples sans clapets ni organes compliqués ; enfin la distribution à Paris de ce que l'on appelle les pneumatiques, lettres pressées, qui sont acheminées d'un bureau de poste à un autre dans des canalisations où circule de l'air comprimé.

APPLICATIONS COURANTES ET DOMESTIQUES

Dans les applications courantes et domestiques de l'air comprimé nous n'indiquerons que les plus importantes ; car, en effet, elles sont très nombreuses. Le fonctionnement des monte-charges, ascenseurs, monte-voitures dans les garages ; le nettoyage par le vide, l'envoi d'un jet d'air comprimé dans un éjecteur produisant le vide ; la ventilation des locaux habités ; la production du froid par la détente de l'air comprimé ; le fonctionnement de machines à coudre par l'emploi de petits moteurs ; le montage de la bière, de la cave à l'étage de consommation, dans les cafés.

A Paris, on trouve dans les rues, les hôtels, les bureaux de certaines administrations, des horloges dites pneumatiques, dans lesquelles les aiguilles sont mises en mouvement par l'air comprimé ; il y en a plus de 6.000 en service.

Il existe même des bains d'air comprimé convenant à certaines maladies des voies respiratoires (Le malade s'installe dans une cloche spéciale).

CHAPITRE II

LE FROID ET SES APPLICATIONS DANS L'INDUSTRIE

L'emploi du froid dans l'industrie a pris, dans ces dernières années, une extension considérable. Nous nous occuperons ici des procédés industriels de production du froid, et nous donnerons quelques indications générales sur ses principales applications.

PRODUCTION DU FROID DANS L'INDUSTRIE

Toutes les machines industrielles destinées à la production du froid, sont basées sur le principe de l'abaissement de température provoqué par l'évaporation rapide d'un liquide. Nous pouvons aisément nous rendre compte de ce phénomène en versant quelques gouttes d'essence dans le creux de notre main ; l'essence s'évapore rapidement et nous ressentons une impression de froid. Les carafes espagnoles en terre, dites *alcarazas*, employées depuis une époque très ancienne, reposent sur ce principe. Le liquide qu'elles contiennent suinte à travers les pores de la terre et vient former une buée à la surface de la carafe. Cette buée, en s'évaporant à l'air, provoque un abaissement de température, qui refroidit le liquide de l'alcaraza.

On sait d'autre part qu'on active l'évaporation

d'un liquide en le renfermant dans une capacité où l'on fait le vide. Si donc nous plaçons dans un local clos un récipient contenant de l'eau et, qu'au moyen d'une pompe aspirante, nous fassions le vide dans le local, nous verrons au bout de peu de temps l'eau se congeler dans le récipient. C'est ainsi que fonctionnent les petites machines à frapper les carafes, ainsi que le type de machine industrielle où le vide se fait au moyen d'un jet de vapeur.

Le principe des machines frigorifiques est donc l'évaporation d'un liquide sous un vide relatif.

Mais nous avons encore à envisager un autre phénomène qui va nous permettre d'utiliser des liquides particulièrement intéressants pour la production du froid.

Prenons un gaz, par exemple l'acide sulfureux et comprimons-le ; grâce à cette compression nous le réduisons à l'état liquide ; on obtient ce résultat à la température ordinaire par une simple pression de 2 k. 5. L'acide sulfureux étant amené à l'état liquide, ne le comprimons plus; il reviendra à l'état gazeux, et nous pourrons constater alors la production d'un abaissement sensible de température. Suivant la température et suivant le gaz employé, la compression doit être plus ou moins forte.

Nous avons maintenant le principe complet sur lequel repose la généralité des machines frigorifiques industrielles : l'évaporation d'un gaz liquéfié. Les gaz employés sont : l'ammoniaque, l'acide carbonique, l'acide sulfureux, le chlorure de méthyle.

A titre d'exemple, le schéma de la machine à acide carbonique la plus simple est le suivant :

Une pompe aspirante et foulante (1) prend dans la bouteille (2) de l'acide carbonique qui y est contenu, et comprime cet acide carbonique dans le serpentin du récipient (3) qui est le condenseur ; l'acide carbonique devient liquide dans ce condenseur, et s'écoule par la canalisation qui va au récipient (4) appelé l'évaporateur ; dans cette canalisation, il ren-

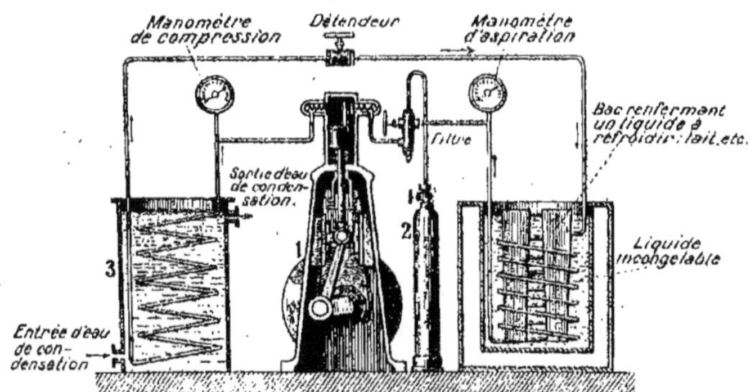

Fig. 12.—Schéma de la machine à froid à acide carbonique.

contre le détendeur qui règle la marche de l'opération. Dans l'évaporateur la pression n'est plus élevée ; la pompe (1) y aspire l'acide carbonique au lieu de le comprimer comme dans le condenseur ; aussi l'acide carbonique redevient-il gazeux en provoquant un abaissement de température.

L'acide carbonique repris par la pompe (1) recommence le cycle que nous venons de parcourir. La pompe est actionnée par un moteur quelconque, plutôt électrique quand on le peut.

Avant d'aller plus loin, nous indiquerons que l'on peut produire le froid par une machine à affinité ; dans ces machines, on utilise, pour faire le vide, au-dessus de l'ammoniaque liquide, par exemple, non plus une pompe mais l'affinité que possède l'ammoniaque pour l'eau, c'est-à-dire la facilité qu'il a de se dissoudre dans l'eau.

Enfin nous signalerons que l'on peut obtenir le froid par la détente d'un gaz. Un gaz ayant été comprimé tout en restant gazeux (et non pas en devenant liquide comme tout à l'heure), si tout à coup on cesse de le comprimer, si on le « détend », il se produit un abaissement de température très grand ; c'est par ce procédé que l'on est parvenu à fabriquer l'air liquide, fabrication qui exige des températures extrêmement basses.

Mais revenons au type courant de machines industrielles à froid que nous avons décrit schématiquement. Suivant les installations, la machine est naturellement plus ou moins compliquée, plus ou moins puissante ; mais elle possède toujours les organes essentiels que nous avons énumérés. La partie intéressante est évidemment l'évaporateur où nous obtenons ce que nous cherchions, c'est-à-dire l'abaissement de température et nous allons insister un peu sur cet organe.

Les évaporateurs ont des formes qui varient avec les usages auxquels ils sont destinés. D'une façon générale, il se présente deux cas :

1º Nous voulons refroidir un liquide ; l'évaporateur est un serpentin qui plonge dans le liquide à refroidir : bière, lait, vin, huile, etc.

2º Nous voulons refroidir un local. Les évaporateurs sont ici habituellement des serpentins plongeant dans un liquide qui se refroidit et qui va ensuite, par l'intermédiaire de canalisations, circuler dans des radiateurs à froid placés dans les pièces. Dans certaines applications, les évaporateurs sont des serpentins au contact desquels de l'air se refroidit pour se répandre ensuite dans les pièces à rafraîchir.

Examinons le procédé le plus employé pour le

refroidissement de locaux, celui de la circulation d'un liquide froid. Ce liquide doit pouvoir être amené à une température basse sans se congeler. Le moyen le plus économique et le meilleur de créer un liquide qui puisse supporter de très basses températures sans se solidifier est, jusqu'à maintenant, l'addition à de l'eau ordinaire d'une certaine quantité de chlorure de calcium. La proportion est, en moyenne, de 150 à 250 grammes de chlorure de calcium par litre d'eau. Un tel liquide peut supporter sans se congeler des températures comprises entre 15 et 30 degrés au-dessous de zéro. Ce liquide incongelable, refroidi par le serpentin de l'évaporateur, est véhiculé à travers les tuyauteries et les radiateurs à froid, pour donner le froid partout où il est nécessaire et utile, exactement comme le calorifère à eau chaude donne la chaleur. Ce système a l'avantage, par le maintien dans les radiateurs du liquide refroidi, de produire une accumulation de froid qui empêche la température des pièces de se relever pendant les arrêts de la machine et qui donne, d'autre part, un froid beaucoup plus régulier.

Voyons maintenant le procédé où l'air se refroidit au contact des évaporateurs. Nous pouvons placer nos évaporateurs soit directement dans les pièces à rafraîchir et l'air viendra se brasser à leur contact, soit dans un local spécial où ils refroidiront de l'air que nous enverrons ensuite dans les pièces. Dans la première solution, les parois des locaux à réfrigérer renferment des évaporateurs ; on obtient un abaissement rapide de la température, mais ce système présente l'inconvénient de ne pas constituer une accumulation de froid qui puisse, après l'arrêt de la machine, empêcher le relèvement de la température du local. Cette solution peut donc être comparée à celle du calorifère à circulation de vapeur d'eau où, dès que la chaudière est arrêtée et n'engendre plus de vapeur, il y a refroidissement rapide.

Dans la seconde solution, évaporateurs placés dans une pièce spéciale, l'air froid est distribué dans les pièces par des bouches ou canaux comme l'est l'air chaud dans le système de calorifère à air chaud. Cette méthode a de grands avantages. Elle permet d'obtenir un air qui non seulement est refroidi à la température convenable mais aussi asséché au point voulu et purifié. Les évaporateurs prennent, ici, le nom d'aéro-réfrigérants ; ils sont de deux sortes : aéro-réfrigérants secs et aéro-réfrigérants humides.

Dans le cas de l'aéro-réfrigérant sec, l'air passe sur des serpentins refroidis intérieurement ; l'humidité contenue dans cet air se dépose sous forme de givre ou de neige ; en faisant varier la surface sur laquelle passe l'air, on règle à volonté la température de l'air à l'entrée des chambres.

Dans le cas de l'aéro-réfrigérant humide, on fait couler un liquide incongelable sur le serpentin refroidi intérieurement et l'air destiné aux chambres froides est refoulé ou aspiré par des ventilateurs au travers de la nappe liquide ; en passant à travers cette nappe liquide froide, l'air se refroidit, s'assèche et se purifie en abandonnant au liquide incongelable les impuretés et poussières dont il pourrait être chargé. On emploie aussi l'aéro-réfrigérant mixte, c'est-à-dire que l'on fait d'abord passer l'air à travers un aéro-réfrigérant sec, pour qu'il y abandonne la majeure partie de son humidité, et ensuite à travers un aéro-réfrigérant humide où, achevant de se dessécher, il se débarrasse en outre des impuretés qu'il pourrait contenir.

ISOLATION DES LOCAUX REFROIDIS

L'isolation des locaux refroidis joue un rôle capital dans l'industrie du froid. Un excellent isolant est la condition essentielle qui assure le bon rendement d'une installation frigorifique. Il ne suffit pas

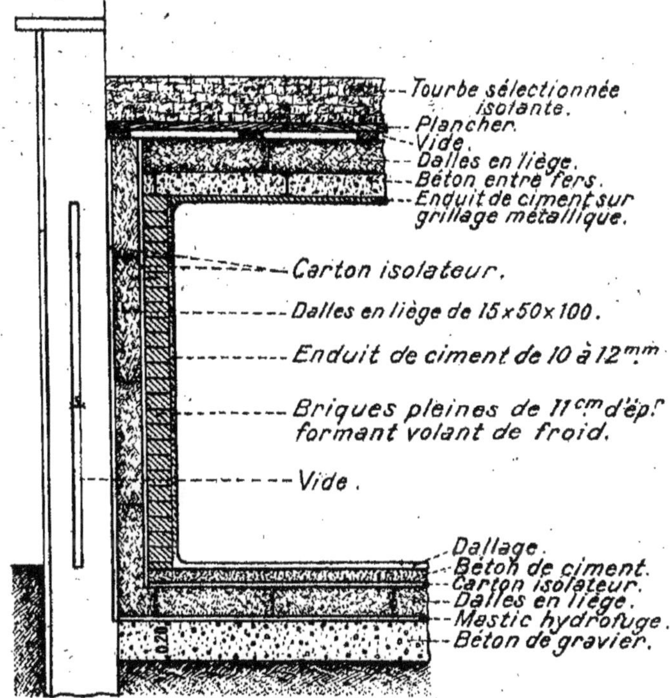

Fig. 13. — Isolation d'une chambre refroidie.

de produire du froid; il faut aussi lorsqu'on l'a produit le conserver et éviter, le plus possible, les déperditions dues au réchauffement extérieur; une chambre frigorifique mal isolée exige, pour que l'on puisse y maintenir la température voulue, l'installation d'une machine beaucoup plus puissante que celle nécessitée par le fonctionnement normal de l'installation. D'autre part, si l'isolation est médiocre ou mal étudiée, des variations notables de température se produisent ; et elles peuvent être désastreuses pour les objets conservés ou traités. Un local refroidi doit être une capacité bien isolée de l'extérieur; ses parois, y compris les portes, doivent être faites en matériaux spéciaux de toute première qualité ; ils doivent être très mauvais conducteurs de la chaleur, inodores et imputrescibles, même s'ils s'humidifient; ils doivent également être incombustibles ou, tout au moins, ne pas propager la combustion émise en un point de leur masse; enfin ils ne doivent pas perdre leurs qualités avec le temps. Le liège est le meilleur des isolants et c'est celui que l'on emploie de plus en plus ; d'autres produits ont aussi leurs qualités, au point de vue isolation, comme le charbon de bois, la sciure, les scories, la tourbe; mais ces substances ne sont isolantes que si elles sont bien sèches, et cette condition est quelquefois difficile à réaliser.

Les parois latérales de la chambre peuvent être, par exemple, recouvertes, en allant de l'intérieur vers l'extérieur, d'un enduit de ciment, de briques pleines, de carton isolateur, de carreaux de liège : un vide est, en outre, ménagé dans le mur. Le plafond peut être formé, en allant de l'intérieur vers l'extérieur, d'un enduit de ciment sur grillage métallique, de béton, de dalles en liège, d'un espace vide, du plancher et d'une couche de tourbe sélectionnée isolante. Le parquet — toujours de l'intérieur vers l'extérieur — serait formé de béton, de liège aggloméré, de béton et de carton isolateur.

A titre d'exemple de l'importance à donner à la quantité de matières isolantes, nous pouvons fournir

les quelques chiffres suivants : à l'entrepôt frigorifique de la Bourse du Commerce de Paris, les isolants
ont une épaisseur de 24 centimètres pour les parois,
les planchers et les plafonds ; de 16 centimètres pour
les cloisons séparant les diverses chambres ; le tout
est recouvert d'un ciment armé de 3 centimètres
d'épaisseur. Le plancher séparant l'étage supérieur
de l'étage inférieur est en fer et béton armé, avec
revêtement en plaques de liège et dallage en ciment
armé.

LES APPLICATIONS PRINCIPALES DU FROID
DANS L'INDUSTRIE

Le froid s'applique surtout, dans l'industrie, à la
conservation des denrées périssables ; aussi n'est-il
pas étonnant de le trouver très employé dans les
industries alimentaires.

Une remarque d'une importance considérable doit
être faite dès qu'il s'agit de la conservation de denrées périssables, qu'elles soient alimentaires ou non :
le froid conserve la denrée soumise à son action et lui
donne le sommeil organique. Mais, si le froid conserve
la denrée périssable, il n'a pas cependant la prétention de la régénérer si son état, lors de la mise en
chambre froide, n'est pas excellent. Par conséquent
la denrée reprend, à la sortie du frigorifique, son existence organique au point précis où en était cette existence au moment de son entrée dans ce frigorifique.

La première et la plus indispensable des conditions
pour une bonne conservation est donc que les denrées
mises en frigorifique entrent dans les chambres froides
à l'état parfaitement frais et sain. Il est certain, en
effet, que si l'on met en frigorifique une denrée qui

était sur le point d'entrer en putréfaction, cette denrée se putréfiera dès sa sortie du frigorifique.

Ce que nous venons de dire prouve, par contre, que c'est une erreur de croire que les denrées conservées en frigorifique doivent être consommées immédiatement à leur sortie, sous peine de se détériorer, sauf le cas, bien entendu, où l'on a mis ces denrées en frigorifique dans de mauvaises conditions, c'est-à-dire sur le point d'être décomposées.

Un autre principe qui doit être observé dans la conservation des denrées périssables par le froid, c'est que chaque denrée de nature différente doit être conservée à un degré de température et à un degré d'hygrométrie voulus. Si une denrée qui peut se conserver à une température déterminée est soumise à d'autres températures, sa conservation ne sera pas bonne. Mais dans ce cas on ne devra imputer qu'à soi, et non au frigorifique, le mauvais résultat obtenu.

Voici quelques exemples des températures propices à la conservation de certains produits :

Bananes, 10 degrés au-dessus de zéro.

Pain, 8° ;

Bières, sirops, 7° ;

Vins, 5° ;

Fruits, poissons et viande secs, 4°,5 ;

Raisins, 2°,5.

Pour congeler la volaille, — 18° ;

et pour conserver la viande congelée, — 6°,5 ;

La conservation des produits alimentaires se fait dans des locaux refroidis par les procédés que nous avons examinés plus haut. Ces locaux peuvent d'ailleurs être de simples armoires pour les commerçants ou bien de vastes entrepôts, où des quantités immenses de produits seront conservées.

Parmi ces produits, la viande est un de ceux qui retiennent le plus l'attention. Il est nécessaire de bien préciser de quelle façon agit le froid pour la conservation de la viande. La viande peut être soit réfrigérée, soit congelée. La viande réfrigérée est celle qui est maintenue fraîche par son séjour dans un local où l'air est absolument pur et la température de 3 ou 4 degrés au-dessus de zéro. L'aspect de cette viande n'est aucunement modifié ; sa qualité, au dire des spécialistes, est même améliorée.

La viande congelée est celle qui a été maintenue à une température inférieure à 0° pour de grands voyages ; elle a été gelée, et est ainsi devenue dure comme la pierre ; son aspect a été modifié et il faut lui faire subir un traitement spécial pour la faire revenir à un état analogue à son état normal.

Il est d'observation courante que la viande fraîchement abattue est dure et coriace ; ce n'est qu'après avoir subi une véritable maturation qu'elle devient agréable au goût, digestible et assimilable. La température hivernale de nos climats permet à cette maturation de se produire ; par contre, en été, le manque de moyens de préservation oblige le boucher, qui craint l'altération par la chaleur, à vendre la viande trop fraîche. Le maintien de cette viande dans une chambre froide permettrait à la maturation dont nous parlions de se produire. Tout le monde y gagnerait, le consommateur qui serait mieux servi et le commerçant qui aurait moins de déchets. A côté de ces avantages hygiéniques, l'intervention du froid rendrait méthodique le commerce des bestiaux par leur abatage sur place dans les centres mêmes de production. Les longs et pénibles transports du bétail, dépréciant la qualité de ce dernier en raison des souffrances endurées, se trouveraient supprimés, et des épidémies désastreuses seraient évitées.

En Angleterre, c'est par millions que chaque année sont introduites des viandes de moutons, d'agneaux et de bœufs provenant des pays producteurs et transportées grâce à des chambres froides.

Pour le poisson, la conservation joue un rôle de premier ordre et tous nos ports de grande pêche devraient avoir leur entrepôt où pourrait être conservée une denrée aussi délicate. L'exemple de Bâle est, à ce point de vue, fort curieux puisque cette ville essentiellement continentale est devenue l'un des plus grands marchés de poissons de l'Europe, et cela grâce aux transports frigorifiques. La marée est pêchée en mer à l'aide d'engins qui ne la fatiguent pas, entourée de glace encore vivante, et placée à bord dans les chambres froides. Elle est transportée à Bâle dans des wagons frigorifiques et, là, elle est recueillie dans un entrepôt frigorifique pour être distribuée ensuite en tous les points du continent et même jusqu'en Egypte.

Sur tous les marchés d'Europe, on voit arriver du saumon congelé qui provient de la côte du Pacifique, où il a été pêché entre le Sacramento et la mer de Behring.

Si nous passons au commerce du beurre, nous constatons que celui-ci a été complètement transformé depuis l'emploi du froid artificiel. L'Angleterre reçoit des quantités considérables de beurre en provenance de l'Australie, de la Nouvelle-Zélande, du Canada, de la République Argentine, et qui lui arrivent en cales frigorifiques. Les œufs s'accommodent fort bien de la conservation par le froid. C'est par millions qu'aux Etats-Unis et en Angleterre les œufs sont mis en entrepôts en été pour en sortir et être vendus en hiver.

Le commerce des fruits et primeurs est grandement influencé par l'emploi du froid. Les denrées doivent être, dès qu'elles sont cueillies, soumises à la réfrigération ; le wagon qui sert à les transporter est refroidi avant le départ. Une fois en route la température du wagon demeurera suffisamment basse pour la conservation des denrées qui, à leur arrivée, seront placées dans un entrepôt frigorifique. L'on voit ainsi certains fruits se conserver pendant plus d'un an.

Nous venons de donner quelques exemples de la conservation des denrées alimentaires par le froid ; mais le rôle du froid ne se borne pas là dans le commerce si important de l'alimentation. Il a aussi une action de premier ordre dans la fabrication de certains produits. C'est ainsi qu'il est employé avec succès dans la fabrication de la bière. La bonne bière doit ses qualités à une fermentation dont la première partie, durant environ une semaine, s'accomplit à une température de cinq degrés au-dessus de zéro ; tandis que la seconde, durant un mois, se fait à une température de un degré au-dessous de zéro. La machine frigorifique permet d'obtenir ces températures et de répandre ainsi la fabrication de la bière dans des régions où le climat la rendait impossible jusqu'à ce jour.

Le froid est très employé dans les laiteries, notamment pour la réfrigération et la congélation du lait et de la crème et pour la réfrigération de l'eau de lavage du lait ; dans les fromageries pour la fabrication et la conservation du fromage ; dans les chocolateries pour le démoulage rapide, le durcissement et la conservation du chocolat, pour la conservation des

cacaos, pour la réfrigération des « tunnels » servant à
la fabrication des bonbons ; dans les biscuiteries pour
le glaçage et le démoulage des biscuits ; dans les
fabriques de charcuterie, d'extrait de viande, de
conserves en boîtes ; dans les industries du vin, du
cidre et des liqueurs, pour la réfrigération et la clari-

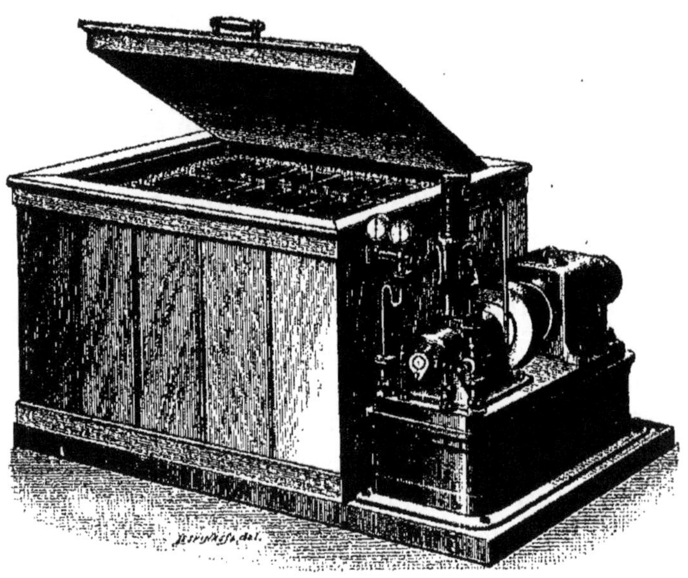

FIG. 14.
Groupe pour fabrication domestique de la glace.

fication des vins et des cidres, la concentration des
moûts et des vins, le vieillissement des vins mousseux,
la clarification du quinquina et de l'anisette, le dégor-
gement des vins de Champagne, le refroidissement
des cuves à fermentation dans les pays chauds.

Naturellement le froid est utilisé pour la fabrication de la glace ; on y procède en plongeant dans une
solution incongelable, refroidie par la machine, des
« mouleaux » remplis de l'eau que l'on veut transfor-

mer en glace. Ces mouleaux sont des récipients métalliques qui ont la forme d'une pyramide tronquée et dont la capacité varie, suivant les cas, de deux à cent kilos de glace.

On vend dans le commerce de petites installations complètes à fabriquer de la glace, qui rendent les

Fig. 15. — Installation frigorifique
domestique pour la conservation des denrées.

plus grands services. De même, on fait des armoires domestiques pour la conservation des denrées ; ces armoires possèdent plusieurs compartiments correspondant aux différentes catégories principales de denrées, de façon que chacune puisse être conservée au degré de froid et d'hygrométrie qui lui convient et de sorte aussi que les aliments d'odeur différente ne se trouvent pas ensemble.

Enfin, certains appareils peuvent servir à la fois à

la conservation des denrées et à la fabrication de la glace.

En dehors des produits alimentaires, le froid est employé dans une foule d'autres industries ; dans les unes, il sert à la conservation des marchandises, comme les fourrures, les vêtements, les tapis, les lainages, les harnachements, les poudres et munitions de guerre, les fleurs, etc. ; dans les autres, il est utilisé pour la fabrication des matières. En raison de l'intérêt que présente la question, nous donnons une liste de ces applications où chacun peut trouver une indication utile :

Industrie chimique. — Fabrication du sulfate de soude, cristallisation des sels, concentration de l'acide sulfurique, fabrication d'acides purs, distillation de l'asphalte et du goudron, extraction de la paraffine des huiles de pétrole, récupération du benzol des gaz des fours à coke.

Industries pharmaceutiques. — Concentration des dissolutions pour la fabrication des extraits, clarification des extraits, préparation du chloroforme, purification de la glycérine.

Fabriques de caoutchouc. — Dessiccation et refroidissement de l'air de certains ateliers de fabrication ; refroidissement préalable des dissolutions de caoutchouc utilisées pour le collage et la soudure des feuilles de caoutchouc ; récupération du dissolvant, obtention des conditions de température et de siccité requises pour certaines opérations de fabrication.

Parfumerie. — Purification et clarification des parfums par le glaçage ; séparation des corps gras non dissous.

Fabriques de soie artificielle. — Récupération des éthers et alcools servant à la fabrication de la soie artificielle ; conservation des viscoses.

Fabriques de colles et gélatines. — Obtention du figeage rapide de la gélatine ; continuité de la fabrication.

Fabriques d'explosifs. — Préparation de la nitro-glycérine ; refroidissemeat et dessiccation des salles de fabrication ; récupération du dissolvant.

Fabriques de corps gras. — Divers emplois en huilerie, margarinerie, stéarinerie.

Horticulture. — Conservation des fleurs, bulbes, légumes, rhizomes ; retardement de la floraison des plantes et des fleurs ; forçage frigorifique.

Sériciculture. — Hivernation des œufs de vers à soie ; conservation des œufs pendant le transport ; possibilité de faire plusieurs élevages successifs dans la même année ; étouffage des cocons ; dévidage facile ; conservation des feuilles de mûrier ; conservation des cocons.

Industrie métallurgique. — Dessiccation de l'air des souffleries des hauts fourneaux ; obtention d'une allure constante dans les hauts fourneaux.

Travaux publics. — Procédé de fonçage par congélation du sol en terrains aquifères dans les travaux de mine ou de terrassement. (C'est par ce procédé qu'ont pu être effectués les travaux du Métropolitain de Paris à la place Saint-Michel.) Rafraîchissement du front de taille et des chantiers dans les travaux souterrains.

Refroidissement des locaux habités. — Abaissement rationnel de la température pour rendre habitables les magasins, salles de réunion, bourses, chambres et salles communes d'habitation, locaux industriels, collèges, communautés, prisons, ateliers, etc.; réfrigération des habitations coloniales.

On voit que les applications du froid sont innombrables et se trouvent dans tous les genres d'industries. Aussi est-il possible d'envisager la distribution du froid par secteur comme on distribue dans les grandes villes le gaz ou, à Paris, l'air comprimé ; le nombre d'abonnés à un réseau de ce genre serait certainement considérable.

LES TRANSPORTS FRIGORIFIQUES

Pour terminer cette importante question des applications du froid, nous devons dire quelques mots des transports frigorifiques.

Les transports par chemins de fer ont lieu dans des wagons spéciaux qui appartiennent à trois catégories : wagons à glace; wagons où la production du froid est assurée mécaniquement; wagons isothermes.

Les wagons à glace sont, comme leur nom l'indique, ceux dans lesquels le refroidissement du véhicule est assuré au moyen de la glace. Des bacs placés au plafond du wagon contiennent de la glace ; l'air refroidi au contact de cette dernière descend naturellement, par suite de sa plus grande densité, sur les denrées, et une fois réchauffé par elles remonte vers le plafond. Ces wagons ont un système de renouvellement d'air qui permet une bonne ventilation sans nuire au refroidissement des denrées ; l'air réchauffé et vicié par les denrées s'échappe par des appareils dits « torpédo », placés au centre et au sommet des wagons ; cet air est remplacé par de l'air neuf pénétrant par des ouvertures pratiquées aux deux bouts du wagon, traversant les bacs à glace où il se décharge de son humidité et de ses impuretés, et retombant en couches froides sur les denrées, comme nous l'avons dit plus haut.

Les wagons où le froid est obtenu mécaniquement renferment un petit appareil frigorifique basé sur l'emploi d'un gaz liquéfié, comme le chlorure de méthyle. Le fonctionnement du compresseur est obtenu par l'essieu. La production du froid est demandée à un évaporateur-radiateur placé au plafond du véhicule.

Enfin les wagons isothermes sont ceux qui ne renferment aucun dispositif de refroidissement. Ces wagons sont refroidis avant leur départ, dans une station productrice de froid, au moyen d'un courant d'air froid envoyé par cette usine dans l'intérieur du wagon ; les marchandises que le wagon aura à transporter sont également réfrigérées avant le départ ; enfin l'isolation des wagons est particulièrement soignée. Dans ces conditions, on peut faire parcourir à certaines denrées des trajets assez longs sans que la température s'élève d'une façon préjudiciable.

Enfin, on a constitué des trains-usines dans lesquels un wagon contient une machine frigorifique qui distribue le froid à tous les autres wagons du train par des canalisations.

Quant aux transports par mer, ils sont assurés par des navires portant des cales frigorifiques analogues à des entrepôts frigorifiques ; nous n'avons rien à dire de spécial sur leur installation.

CHAPITRE III

LA MANUTENTION DES MARCHANDISES DANS L'INDUSTRIE

La manutention des marchandises tient dans l'industrie une place très importante. Pour effectuer cette manutention on se sert : soit de l'homme lui-même, auquel on demande tout l'effort, comme cela se produit pour le transport à dos ; soit d'appareils, dont le fonctionnement exige encore un effort de la part de l'homme, comme les brouettes, les chariots, les wagonnets ; soit, enfin, d'appareils automatiques où l'homme actionne simplement une manivelle ou un commutateur, l'appareil faisant tout l'effort nécessaire. Les appareils automatiques assurant la manutention mécanique des marchandises se développent beaucoup depuis quelques années et ils sont destinés à jouer un rôle toujours plus important étant données la cherté de la main-d'œuvre et la difficulté de plus en plus grande que l'on éprouve à se la procurer.

APPAREILS ACTIONNÉS PAR L'HOMME

Les brouettes et les chariots. — Les brouettes sont de deux modèles : en bois ou en métal.

Les brouettes en bois ont une ou deux roues ; les brouettes à une roue sont tantôt à caisse ouverte à l'arrière, tantôt à caisse fermée à l'arrière, et dans ce dernier cas on les dénomme brouettes à coffre.

Le fond de la caisse est plein ou à claire-voie. Les brouettes en bois à deux roues sont plus importantes ; les roues sont ici métalliques ; alors que la brouette en bois à une seule roue

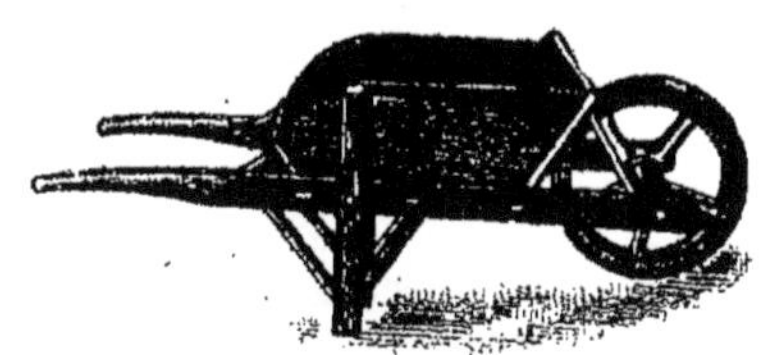

Fig. 16.

Brouette en bois à caisse ouverte.

pèse environ 20 kilos, la brouette à deux roues atteint le poids de 75, 100 et 125 kilos, quelquefois plus ; ces brouettes servent dans les tanneries, les teintureries, les blanchisseries ; elles sont, soit à plancher, soit à coffre. Enfin, en développant les dimensions de la brouette à deux roues, on arrive à la

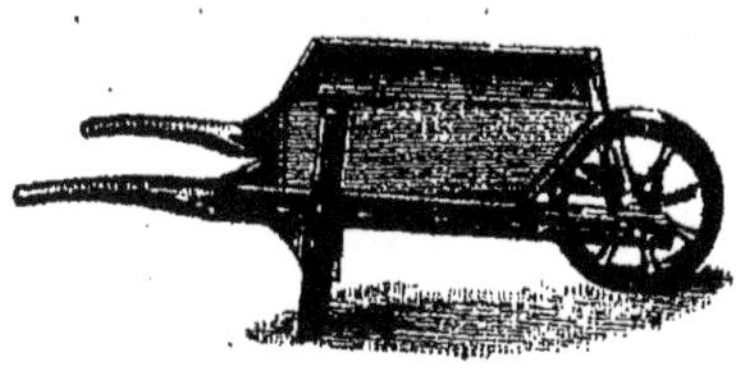

Fig. 17. — Brouette à coffre.

voiture à bras qui rend de si grands services ; cette voiture peut être ouverte ou complètement fermée ; quand elle est ouverte, elle peut être pliante afin d'être garée dans un endroit restreint.

Les brouettes métalliques sont à une ou deux roues ; elles sont robustes et conviennent à la manutention de matières comme le charbon, les produits chimiques. Elles sont, soit en fer, soit en tôle d'acier ; on en fait de basculantes.

Fig. 18.

Brouette en bois à deux roues.

Un type de brouette spécial est le « diable », sorte de brouette à deux petites roues dont il ne reste plus que les brancards ; les diables servent à transporter notamment des bagages ; on en voit beaucoup dans les gares.

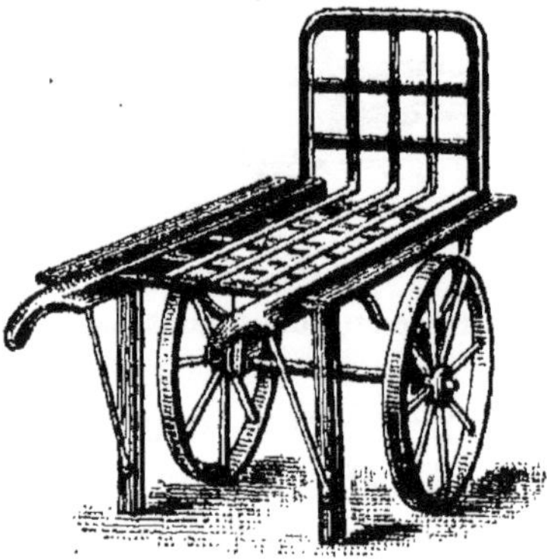

Fig. 19. — Brouette métallique.

Sous le nom de chariots, on peut réunir tous les petits appareils qui servent à transporter les marchandises, mais ne roulant pas sur rails. Les wagonnets sont, au contraire, des appareils roulant sur rails.

Les chariots les plus simples sont ces petits appareils, à peine élevés au-dessus du sol, et qui sont en général formés d'un plateau porté par des roues. Certains de ces chariots sont, en quelque sorte, réduits aux roues avec juste les pièces nécessaires pour assurer l'assemblage de ces roues ; dans ce cas, il n'y a plus de plancher, et il existe seulement un châssis réduit au strict minimum. Ces petits chariots sont munis de deux, trois, quatre roues, quelquefois plus ; notamment, pour les très lourdes charges, on emploie souvent des chariots à six roues, les deux roues du milieu étant plus grandes que les autres afin de permettre au chariot de pivoter sur lui-

Fig. 20.
Diable.

Fig. 21.
Diable lève-sac

même. C'est avec des chariots de ce genre que l'on déplace des coffres-forts, des madriers, des poutres, etc. Parmi ces petits chariots il en est dont les roues sont des petites roulettes qui souvent même sont feutrées ou caoutchoutées ; ces chariots légers peuvent alors circuler sur les sols les plus délicats.

Fig. 22. — Chariot simple.

Dans les chariots réduits que nous venons d'examiner, la charge, placée sur le chariot, y est retenue, pendant la manœuvre, par les hommes poussant en même temps pour la faire avancer.

Les chariots plus complets sont quelquefois à trois roues, le plus souvent à quatre roues. La disposition donnée au chariot est des plus variables. Le chariot peut être constitué par un plancher, et on le tire par un timon ; ou bien encore il est formé d'un plancher et d'un ou deux montants ; on le tire encore avec un timon ou on le pousse par un de ses montants ; le tricycle, bien connu, des gares de chemins de fer, rentre dans cette catégorie. Dans les blanchisseries, magasins, épiceries, etc., on se sert de paniers roulants ; dans les ateliers de construction, on fait usage de chariots à caisse dont un des côtés se rabat ; on fait des chariots basculants pour le charbon, les poudres, les rognures ; des coffres à charbon roulants pour

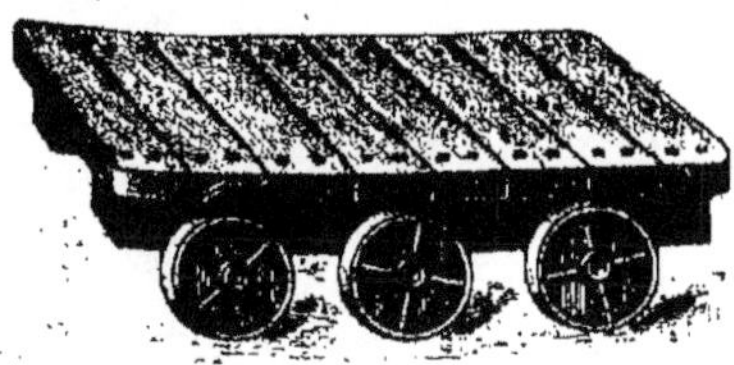

Fig. 23. — Chariot à plate-forme.

cuisines d'hôtels ou d'hôpital ; des chariots à réservoir galvanisé pour savonneries, teintureries, pour le transport d'ordures ; des chariots à coffre évasé pour transport de céruse, couleurs, mastics.

Fig. 24.
Chariot-coffre à charbon.

Le chariot peut devenir une table roulante, dans les cuisines, les grands restaurants, les fromageries; les chariots étagères de buffets de gare qui circulent sur les quais sont bien connus.

Certains chariots prennent des dispositions tout à fait spéciales : c'est ainsi que dans les miroiteries, les glaceries, les marbreries, les ardoiseries, on utilise des chariots affectant la forme d'un pupitre ; on trouve également des tréteaux roulants chez les mégissiers et en général dans toutes les industries où l'on manipule des peaux.

Enfin, pour le transport des marchandises fragiles comme les porcelaines on munit le chariot de ressorts amortissant les chocs.

Les wagonnets sur rails. — Nous ne nous occuperons, dans ce paragraphe, que des wagonnets roulant à terre; nous examinerons plus loin ce qui a trait aux wagonnets suspendus, ces systèmes rentrant plus spécialement dans les appareils de manutention mécanique.

Fig. 25.
Chariot de blanchisserie.

Les wagonnets sur rails sont de types fort variés et il est impossible de décrire tous les modèles qui exis-tent ; nous nous conten-terons donc d'en donner, en quelque sorte, le clas-sement. Nous pouvons les grouper en wagonnets plats, wagonnets à caisse, wagonnets spéciaux.

Fig. 26. — Chariot pour transport de produits chimiques.

Les wagonnets plats sont à plancher seul (transport de blocs de pierre, par exemple) ; à plan-cher et à un ou deux montants ; à plancher basculant. Les wagonnets à caisse sont à caisse fixe ; à caisse basculant en avant ou sur le côté, ou de tous les côtés ; à caisse se vidant par le fond, disposition très utile pour le déchargement des charbons et des cokes ; la caisse peut devenir une berline comme dans les mines.

Il existe des types intermédiaires entre les wagon-nets plats et les wagon-nets à caisse : ce sont les wagonnets à caisse dé-montable permettant la transformation en wa-gonnet plat.

Fig. 27. — Chariot pour transport de peaux.

Les wagonnets spé-ciaux sont très nom-breux. Pour le transport des troncs d'arbre, par exemple, on fait usage de wagonnets particu-liers ; ces véhicules, composés de quatre roues et d'un châssis, portent en leur milieu une fourche d'acier pivotante ; les arbres reposent par l'une de leurs extrémités sur la fourche d'un wagonnet de ce genre et par leur autre extrémité sur la fourche d'un second wagonnet en toút point semblable; cette disposition permet au passage en courbe de se faire aisément : chaque wagonnet tourne, en effet, pour son propre compte, indépendamment de la charge, grâce au pivot qu'il porte ; c'est, en somme, le prin-

FIG. 28. — Wagonnet se vidant des deux côtés.

cipe des wagons à boggies des Compagnies de chemins de fer. On retrouve cette application dans tous les cas où il y a à transporter des marchandises de forme allongée. Il arrive même que, pour des charges très lourdes, on remplace chaque wagonnet par une combinaison de boggies à 12 roues.

Enfin on fait des wagonnets servant à plusieurs fins grâce à certaines combinaisons de caisses.

FIG. 29. — Wagonnet se vidant d'un seul côté.

Les voies. — Les voies employées dans les usines et les chantiers pour la circulation des wagonnets peuvent être de deux types : ou légères et ayant un caractère provisoire, ou plus lourdes et installées d'une façon définitive. La voie légère est constituée par des éléments droits ou courbes ; ces éléments sont formés de deux rails réunis par des plaques métalliques ; ils sont facilement transportables et, dès que la voie n'est plus utile à l'emplacement qu'elle occupe il est aisé de la transporter ailleurs. Les éléments ont, en géné-

Fig. 30.
Wagonnet à caisse surélevée.

ral, une longueur de 5^m, 2^{m}50, 1^{m}25 : les éléments courbes ont des rayons de courbure de différentes dimensions. La voie fixe est constituée par des rails posés sur des traverses qui sont ou en bois ou métalliques ; son installation est définitive.

Dans les deux types de voie il y a des pièces complémentaires indispensables : bifurcations, plaques tournantes, intersections ; on peut aussi faire usage de pièces spéciales comme dérailleurs et passages à niveau. Le dérailleur permet de se passer d'aiguillage quand on veut réunir momentanément une voie à une autre voie voisine; c'est un morceau de voie qui se place sur la première et sur lequel monte le wagonnet ; une courbe permet à ce morceau de voie de rejoindre la seconde voie. Le passage à niveau est une pièce dans

Fig. 31. — Wagonnet à ridelles.

laquelle s'encastre la voie de telle façon qu'on peut franchir cette dernière sans éprouver de sursaut, par exemple avec une brouette. Quant à la largeur des voies, elle est le plus souvent de 0 m. 40, 0 m. 50 ou 0 m. 60 pour la voie légère, et plutôt de 0 m. 60, 0 m. 75 et 1 mètre pour la voie fixe.

Fig. 32.
Wagonnet à benne surélevée.

Il est bon de signaler que l'on peut, pour le transport de pièces lourdes, utiliser quelques bouts de voie étroite ; on se sert d'éléments de voie sur lesquels on fait avancer lentement la pièce à transporter, posée sur des wagonnets ; au fur et à mesure on replace en avant, les éléments qui se trouvent à l'arrière et que les wagonnets viennent de quitter. Par cette façon de procéder, on arrive à effectuer rapidement des transports difficiles. Dans de grandes entreprises, comme les chantiers de travaux publics, l'emploi des wagonnets entraîne souvent l'installation d'un véritable chemin de fer à voie étroite ; ce chemin de fer, par suite de la dimension réduite des véhicules appelés à circuler sur ses voies, permet d'adopter des courbes

Fig. 33. — Wagonnet à caisse à fond mobile.

de très faible rayon ; la voie peut donc serpenter facilement et desservir tous les points voulus.

Nous croyons utile de donner ici quelques indications sur les divers résultats que l'on obtient selon que l'on a recours à la traction à bras, à la traction animale, ou à la traction par locomotive.

Si nous supposons un chantier de construction et l'emploi de wagonnets à benne, voici les constatations que l'on peut faire.

Avec la traction à bras, les wagonnets que l'on doit employer de préférence sont ceux de 300 litres ; un homme de force ordinaire pousse sans peine un wagonnet de cette dimension à une vitesse moyenne de 4 kilomètres à l'heure (3 km. 500 en allant chargé et 4 km. 500 en revenant à vide). Cet homme mènerait

Fig. 34. — Wagonnet à fourche pour transport de bois.

donc, dans une journée de dix heures, 0 mc. 30° de terre (480 kilos) à 40 kilomètres, si les deux trajets se faisaient en charge ; mais, comme le retour se fait à vide, il ne faut compter que la moitié, soit : 0 mc. 300 à 20 kilomètres, 3 mc. à 2 kilomètres, 6 mc. à 1 kilomètre, 60 mc. (96.000 kilos) à 100 mètres.

A la brouette on compte comme maximum 20 mc. (500 brouettes de 60 kilos) à 30 mètres ce qui est dix fois moins.

Avec la traction animale les wagonnets les plus convenables sont ceux de 500 litres, 600 litres et 750 litres.

Un cheval de force moyenne marchant à côté de la petite voie et tirant sur une chaîne de 4 m. 50 de long, traîne sans peine, lorsque le terrain est plat, 8 wagonnets de 500 litres à une vitesse de 4 kilomètres à l'heure ; ce qui donne, dans une journée de 10 heures, 4 mc. (6.400 kilos) à 40 kilomètres.

Mais, comme le retour se fait à vide, il ne faut compter que la moitié, soit 4 mc. à 20 kilomètres, 40 mc. à 2 kilomètres, 80 mc (128.000 kilos) à 1 kilomètre.

Avec un tombereau, le même cheval ne traînerait que 10 fois moins.

Tout cela n'est vrai que pour la traction en terrain plat. Lorsqu'il y a des pentes, le cheval qui, en palier, traîne facilement 8 wagons (4 mc.), ne traîne plus que :

6 wagons ou	3 mc.	sur rampe de	2 centimètres
4 —	2	— —	4 —
2 —	1	— —	7 —
1 —	1/2	— —	10 —

Avec la traction par locomotive, le travail effectué est beaucoup plus considérable ; on emploie le plus souvent dans ce cas des wagonnets de 1.000 litres. Au départ, la formation du train de wagonnets se fait dans de bonnes conditions au moyen d'un cheval ; à l'arrivée, la mise à l'emplacement voulu a lieu de la même manière par l'emploi d'un autre cheval.

La traction des wagonnets par locomotives a lieu par locomotives à vapeur, à moteur à explosion, à air comprimé, électriques.

Les locomotives électriques utilisées dans l'industrie se classent en deux catégories : les locomotives de fond, c'est-à-dire spécialement construites pour galeries souterraines ; et les locomotives de jour, c'est-à-dire employées pour les services à l'air libre, dans les usines et chantiers de toute nature.

Les locomotives de fond jouent un rôle important dans les mines ; là, elles sont appelées à servir dans des galeries extrêmement basses et resserrées, sur une voie souvent légère et d'entretien difficile. Le faible écartement des rails diminue l'emplacement disponible pour les moteurs. Les rayons des courbes, très faibles et descendant au-dessous de huit mètres, obligent à rapprocher le plus possible les essieux.

L'atmosphère poussiéreuse de la mine, l'humidité et la boue, l'eau tombant des galeries, forcent le constructeur à prendre des précautions spéciales pour l'établissement du matériel électrique. Enfin ces machines sont le plus souvent conduites par des mains brusques et malhabiles, dans des endroits où la surveillance est absolument impossible.

En plus des qualités de robustesse qui leur sont demandées, il est encore nécessaire que les réparations et le nettoyage soient aussi faciles que possible.

Les spécialistes estiment que l'emploi du courant continu pour l'alimentation des locomotives de mines, présente de nombreux avantages sur les autres modes d'alimentation (courant monophasé et triphasé). L'une des raisons invoquées est que, l'emplacement du moteur étant limité, le moteur à courant continu permet de réaliser sous un même volume une puissance plus élevée que le moteur monophasé ; quant au courant triphasé, l'inconvénient principal de son emploi dans les galeries réside surtout dans la complication des lignes de trolley, principalement aux croisements et aux aiguillages.

On adopte généralement le courant continu à une

tension maximum de 250 volts environ, en raison des dangers qui peuvent résulter, pour les ouvriers, du contact accidentel avec les fils ou appareils dans lesquels circule ce courant.

Avec le courant continu et quand la tension ne dépasse pas 250 volts, on emploie souvent le retour par les rails, ce qui évite de placer un deuxième fil aérien.

En raison de la difficulté de pose et de l'entretien

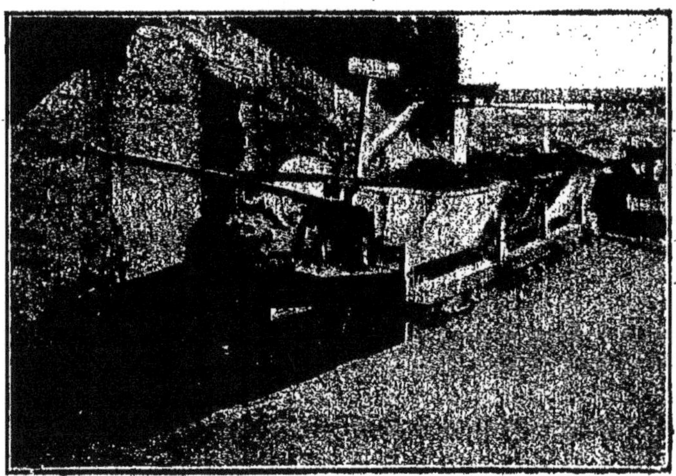

Fig. 35. — Tracteur électrique.

du trolley, il est presque impossible d'amener la locomotive au fond des galeries secondaires ; on serait donc obligé d'effectuer le roulage à bras d'homme ou par chevaux. Pour remédier à cet état de choses, les locomotives électriques portent des treuils à câble de prise de courant. Ce treuil de grand diamètre et à axe vertical, est monté sur le dessus de la locomotive, et porte enroulé un câble dont une extrémité est posée sur le fil du trolley au moyen d'un crochet, l'autre extrémité étant reliée au moteur de la locomotive. Celle-ci, dès lors, peut avancer au delà du point terminus du trolley, ce qui lui permet d'atteindre le fond de la galerie, c'est-à-dire le point où s'effectue le travail.

Les locomotives de jour se font soit avec cabine extrême, soit avec cabine centrale. Les cabines sont ou complètement ouvertes, sous la forme d'un simple abri supportant la prise de courant du trolley, ou bien demi-fermées lorsqu'on a besoin d'une plus grande protection. La prise de courant s'obtient par trolley simple ou double suivant que le retour du courant s'effectue par les rails ou par second fil aérien.

Notons, en terminant ce qui se rapporte aux wagonnets, qu'on peut les remorquer sur pentes par des câbles ou des chaînes; on peut aussi, en palier ou en pente, remorquer les wagonnets au möyen d'un câble sans fin toujours en mouvement; les wagonnets s'attachent à ce câble automatiquemen et ils se détachent de même.

LES APPAREILS DE MANUTENTION MÉCANIQUE

On peut dire que, si l'application des moyens de transport à distance a fait des progrès très grands en Europe au XIXᵉ siècle, il n'en a pas été de même en ce qui concerne la manutention des matières premières dans l'intérieur des usines, et ce n'est que depuis peu d'années qu'on s'est sérieusement occupé de la question ; nous répartirons les appareils de ce genre en trois classes : 1° les chemins de fer aériens sur câbles et les voies suspendues monorail ; 2° les transporteurs et les élévateurs ; 3° les appareils de levage.

CHEMINS DE FER AÉRIENS SUR CABLES
ET VOIES SUSPENDUES MONORAIL

L'idée de faire rouler une charge sur un fil tendu remonte à une époque déjà lointaine et ce moyen de supprimer les difficultés du terrain que l'on doit franchir a trouvé, depuis les temps les plus reculés, son application naturelle partout où on eut à faire descendre une charge sur une pente. La généralisation de ce principe et son application à des profils quelconques, en pente, en palier, ou pour remonter des rampes, ne datent que d'une époque plus rapprochée et on ne connaît guère, comme premier exemple industriel du transport par câbles, que celui d'un entrepreneur du XVIIᵉ siècle utilisant une installation de cette sorte pour le transport de terres. Mais les appareils de ce genre ne sont devenus vraiment pratiques que lorsqu'on eut inventé les câbles métalliques, remplaçant les câbles en chanvre du début.

Le développement important pris par les transporteurs aériens sur câbles a pour cause les avantages suivant : d'abord ils permettent de se jouer des obstacles tels que rivières, voies ferrées, etc.; ils n'exigent donc plus, pour leur établissement, la construction d'ouvrages d'art ni de terrassements coûteux. Ils suivent aisément toutes les pentes et toutes les rampes, presque sans limite, leur fonctionnement n'étant pas basé sur l'adhérence. Le matériel roulant est facile à charger et à décharger, car on peut amener la caisse très près du sol puisqu'elle est suspendue à des tourillons et ne repose pas sur un châssis. D'autre part, la facilité de l'élever à une certaine hauteur au-dessus du point de déchargement permet de réaliser économiquement soit la mise en

Fig. 36. — Installation de déchargement et de mise en tas automatique des charbons (tonnage 70 tonnes à l'heure).

stock, soit le chargement des wagons de chemin de fer. Une ligne de transport par câbles n'exige qu'une faible surface de terrain pour l'installation des pylones ; on peut obtenir sans peine d'un voisin l'autorisation de passage, au-dessus de son champ, par exemple, facilité qui n'existe pas avec des wagonnets marchant sur rails. Dans ce dernier cas, en effet, on couperait en deux la propriété traversée, tandis qu'avec la voie suspendue rien de semblable ne se produit.

On peut installer des lignes desservies par des transporteurs aériens sur câbles atteignant jusqu'à 10, 15 et même 35 kilomètres de développement. Avec ce système, les frais d'exploitation sont très réduits : ce n'est qu'aux stations extrêmes qu'il y a besoin d'un personnel, d'ailleurs peu nombreux, toutes les manœuvres d'accrochage et de décrochage des wagonnets étant automatiques. Beaucoup de mines ou de carrières dont l'exploitation était impossible autrefois, ont pu être mises en valeur grâce à l'emploi des chemins de fer aériens sur câbles.

Un chemin de fer aérien sur câbles se compose de trois câbles : deux de ces câbles servent pour le roulement des wagonnets, un pour l'aller, l'autre pour le retour ; ils sont fixes tous les deux. Le troisième est mobile; c'est le câble tracteur. Les câbles s'appuient, de distance en distance, sur des supports, en bois ou en fer, dits pylônes. A chaque extrémité, ou même en pleine voie, si cela est nécessaire, on établit des stations qui servent au chargement et au déchargement des matières à transporter. Dans ces stations se trouvent des ancrages ou des dispositifs de tension automatique des câbles porteurs. On obtient l'entraînement des wagonnets en les accouplant au câble tracteur qui est un câble sans fin animé d'un mouvement continu ; les wagonnets sont séparés par des intervalles déterminés pour chaque cas. Dans une des stations extrêmes est placé l'ensemble du mécanisme destiné à donner le mouvement au câble tracteur ; dans l'autre est généralement disposée la tension automatique de ce câble.

Les stations sont intéressantes : là, les câbles porteurs sont reliés à une voie fixe suspendue et sur laquelle les wagonnets sont roulés à la main.. Cette voie est constituée par des rails que soutiennent des consoles fixées à la charpente des stations ; un aiguillage des plus simples permet aux wagonnets de passer très facilement des rails sur les câbles porteurs ou inversement.

Les rails suspendus servent de traits d'union entre le câble porteur d'aller et le câble porteur de retour, pour amener les wagonnets au point de chargement ou de déchargement. Au départ le wagonnet roule donc sur la voie suspendue ; une fois chargé, il est conduit à l'aiguillage, accouplé au câble tracteur et entraîné le long de la ligne sur le câble porteur. A la station d'arrivée, le désaccouplement se produit automatiquement et le wagonnet passe sur les rails fixes ; il est, de là, conduit à la main au point de déchargement, puis il passe sur le câble porteur des wagonnets vides et est ramené par le câble tracteur à la station de départ, et ainsi de suite.

Si l'on désire, par exemple, transporter du sable, du charbon, du minerai, on remplit des trémies, à fermeture à coulisse, sous lesquelles passe le wagonnet dont le chargement s'opère en quelques secondes. Le déchargement de ces matières se produit très simplement en faisant basculer la caisse des wagonnets autour des tourillons de suspension, ce qui permet d'envoyer la charge directement dans des wagons de chemin de fer, sur des bateaux, dans des tombereaux, etc.

Les wagonnets sont composés de quatre parties principales :

1º Le chariot de roulement ; 2º la suspension ; 3º l'appareil d'accouplement ; 4º la caisse ou la plate-forme.

Le chariot de roulement comporte généralement deux roues, quelquefois quatre.

La suspension est formée d'un cadre suspendu au chariot par un axe placé entre les deux roues ; ce cadre peut osciller autour de l'axe, ce qui permet au wagonnet de garder la position verticale même si les deux roues du chariot roulent sur une partie en pente. Les branches de suspension sont disposées pour supporter la caisse, ou la plate-forme, destinée à recevoir la charge. Au centre du cadre rigide de la suspension se trouve un moyeu qui reçoit l'appareil d'accouplement.

L'appareil d'accouplement est l'organe essentiel des wagonnets et c'est de lui que dépend la bonne marche de toute l'installation. Il doit satisfaire à de nombreuses conditions dont voici les principales : assurer l'accouplement du wagonnet au câble tracteur quelle que soit la charge et quelle que soit la pente ; permettre un accouplement et un désaccouplement simples, faciles et automatiques ; laisser au chariot toute son indépendance, de façon que, dans les pentes, les roues du chariot continuent à porter toutes deux sur le câble, quoique la suspension reste verticale; être indépendant des influences climatériques de toute nature, telles que : variations de température, humidité, neige, etc. Enfin il doit ménager le plus possible le câble tracteur, et, pour cela, le serrer sur une large surface et en un point quelconque de sa longueur. Un bon accouplement doit être constitué par une mâchoire qu'un jeu de vis rapproche tout d'abord rapidement du câble tracteur ; puis, dès que la mâchoire est en contact avec ce câble, le rapprochement se fait plus lentement pour ménager le câble. Le desserrage a lieu, en sens inverse, dans les mêmes conditions.

Les caisses des wagonnets sont généralement construites en tôle d'acier renforcée et peuvent affecter les formes les plus diverses suivant la nature de la marchandise à transporter. Pour les gros colis, balles, tonneaux, sacs, on adopte des modèles spéciaux de wagonnets ; pour les matériaux de grande dimension tels que planches, pièces de bois, troncs d'arbres, fers, etc., on se sert de deux suspensions accouplées à une distance qui varie suivant la dimension des pièces à transporter.

Quelques remarques sont à faire sur l'installation des voies aériennes : quand ces voies rencontrent des routes, des chemins de fer, des canaux et, en général, toute voie inférieure où il y a une circulation, l'Administration impose que des ponts protecteurs soient établis au-dessus de ces voies, au passage de la ligne aérienne. En général sur les routes, les chemins de fer d'intérêt local, il suffit de placer des ponts-abris en bois, simples et robustes. Des filets sont également acceptés lorsqu'on franchit des chemins peu fréquentés ; ce système de protection est quelquefois employé au-dessus des cours d'usine. Mais les grandes Compagnies de chemins de fer exigent généralement, à la traversée de leurs voies, des ponts-abris en charpentes métalliques ou du type des ponts suspendus.

Dans ces chemins de fer aériens, on obtient le mouvement du câble tracteur au moyen d'un mécanisme mis en marche par une transmission que commande un moteur différant selon les ressources locales : turbine, locomobile, moteur à gaz ou à essence, moteur électrique, etc.

Une installation de ce genre comporte un certain nombre d'accessoires : tout d'abord le compteur de wagonnets ; ce compteur spécial enregistre le nombre de wagonnets débités ; il sert de moyen de contrôle pour connaître approximativement le tonnage transporté, le poids des wagonnets étant sensiblement constant. Une bascule spéciale permet de peser les wagonnets sur câble : cette bascule est placée en un point quelconque de la voie; la pesée s'effectue au passage de chaque wagonnet et le poids est imprimé sur un ticket.

Pour obtenir entre les wagonnets l'espacement nécessaire, on relie à l'arbre de mise en marche un appareil qui fait entendre un coup de timbre chaque fois que l'on doit faire partir un wagonnet.

Nous venons d'examiner le système des transporteurs aériens sur câbles ; nous allons dire quelques mots des voies suspendues. Ces voies sont constituées par un véritable rail aérien sur lequel se meuvent les roues d'un wagonnet suspendu; elles sont dites « monorail » parce qu'elles ne comportent qu'un seul rail; les roues des wagonnets circulant sur ce rail peuvent être très rapprochées l'une de l'autre, ce qui permet le passage en courbes de très petit rayon.

Ces voies peuvent recevoir des aiguillages et des plaques tournantes.

On peut installer de telles voies aux différents étages d'un bâtiment et on les fait communiquer entre elles au moyen d'un monte-charge simple, descendant ou hissant les wagonnets suspendus.

Comme les transporteurs aériens sur câble les voies suspendues ont l'avantage de ne pas encombrer le sol.

Les wagonnets peuvent être poussés à la main ou encore, lorsque l'installation atteint un développement important, tout en présentant un circuit assez

Fig. 37. — Équipement d'une salle d'abattoir
pour la manutention mécanique.

simple, on utilise un câble tracteur auquel on les accouple. Enfin on rend souvent les wagonnets automoteurs; dans ce système les deux roues du wagonnet forment un chariot portant un moteur électrique qui reçoit le courant par un câble supplémentaire et un petit trolley; les wagonnets chargés se suivent à intervalle régulier, cet intervalle étant assuré automatiquement par une disposition qui fait que deux wagonnets sont toujours séparés par une portion de ligne sans courant.

Dans tous les cas le déversement de la caisse de chaque wagonnet peut être réalisé, au point de déchargement, par la simple rencontre d'un taquet qui provoque le basculement.

Souvent le wagonnet porte un treuil qui permet de descendre ou de remonter la caisse : le fonctionnement du treuil a lieu soit automatiquement, soit au moyen de tirettes manœuvrées du sol.

LES TRANSPORTEURS, LES ÉLÉVATEURS
LES APPAREILS DE DESCENTE

Les transporteurs et les élévateurs sont devenus très nombreux. Beaucoup de systèmes peuvent se compléter les uns les autres ; aussi, dans toute installation nouvelle à créer, une petite étude est nécessaire pour choisir la combinaison la plus intéressante à adopter.

Les transporteurs. — Les appareils transporteurs sont de diverses sortes. Le type dit « à tablier roulant » est constitué soit par une courroie, soit par des lamelles métalliques ou en bois; la courroie peut être en toile, en coton, en cuir, en caoutchouc; elle peut être, aussi, en toile métallique, c'est-à-dire constituée par une tresse métallique; enfin, elle peut même être composée d'une bande de tôle d'acier mince. Dans les transporteurs à lamelles, celles-ci sont fixées aux maillons de deux chaînes sans fin parallèles qui portent des galets roulant sur des rails. Les transporteurs à tablier roulant sont mis en mouvement par les tambours ou par les roues sur lesquels ils s'enroulent à leurs extrémités.

Les transporteurs peuvent encore être à godets ou

à bennes, à hélice, à raclettes poussant la matière dans une auge, à secousses, etc.

Fig. 38.
Transporteur à toile sans fin pour service de chaufferie.

Les élévateurs. — Les appareils élévateurs sont très variés ; on en trouve à godets, d'autres à plateaux ; certains, pour monter les sacs notamment, sont formés d'un plancher roulant fait de lamelles de bois ; dans les appareils destinés à l'élévation des tonneaux ce sont des crochets, roulant sur des montants, qui assurent la montée du tonneau. Il existe des types d'appareils élévateurs déplaçables, ce qui offre un grand avantage ; car cela permet, avec un

seul appareil, de desservir plusieurs postes ; lorsque,
par exemple, on a chargé un coin de grenier, il y a

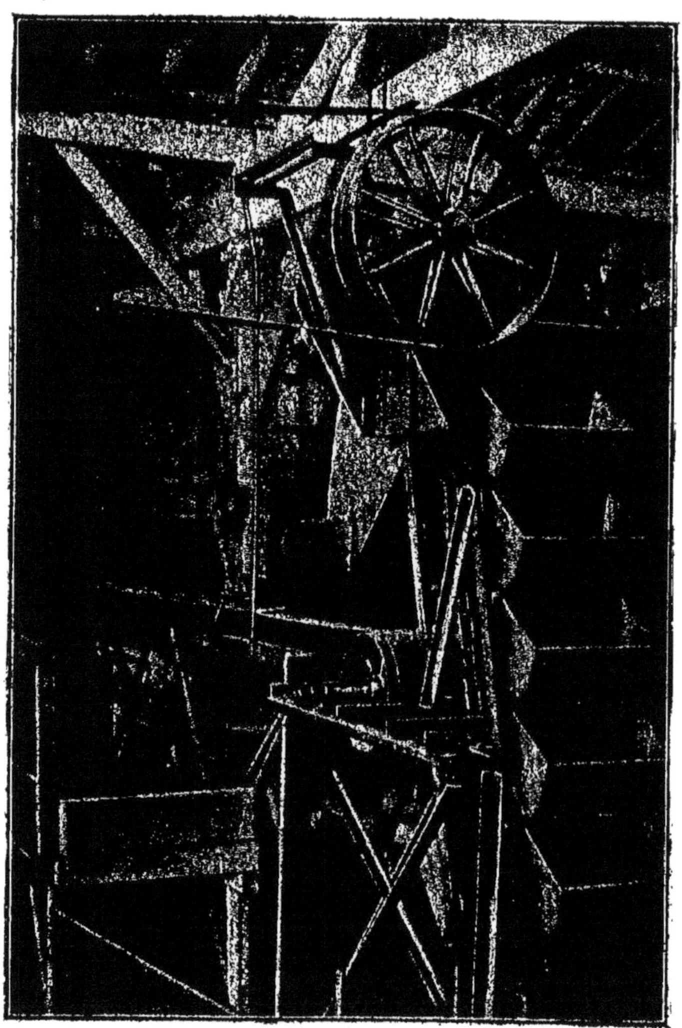

Fig. 39. — Elévateur à godet alimentant une toile sans fin.

tout avantage à pouvoir, avec le même appareil élé-
vateur, aller charger une autre partie de ce grenier,

Ces appareils sont montés sur roues. Parmi les élévateurs figurent les monte-charges et les ascenseurs.

Fig. 40 — Elévateur mobile pour sacs.

Les monte-charges sont constitués par une cage,
une benne, ou tout autre organe, qui est monté par

un treuil actionné par transmission, par moteur électrique, quelquefois à la main.

Les ascenseurs appartiennent à trois types distincts : hydrauliques, à air comprimé, électriques, ceux-ci étant les plus répandus.

Nous ne nous étendrons pas sur l'installation des monte-charges et des ascenseurs, qui demandent le concours de spécialistes. Nous les avons signalés pour être complets dans notre énumération.

En combinant les transporteurs et les élévateurs on arrive à faire des installations tout à fait intéressantes ; c'est ainsi que l'on peut assurer, avec un

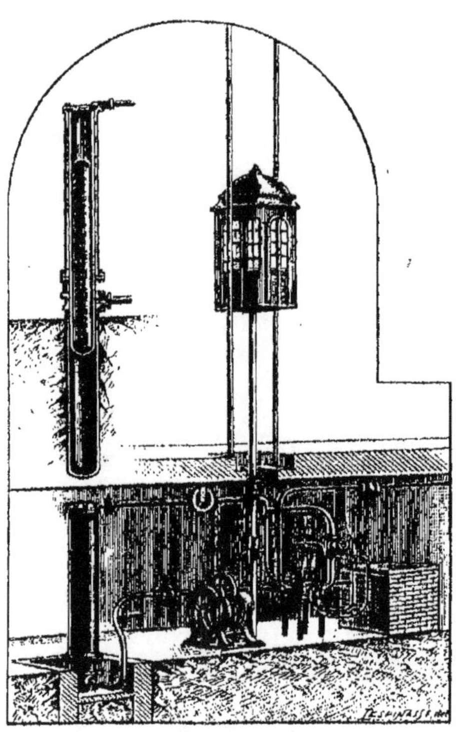

Fig. 41.
Ascenseur à air comprimé.

appareil à godets basculants montés sur chaînes, tout le service d'une chaufferie : déchargement des wagons amenant le charbon, emmagasinage de ce dernier ; puis, au moment voulu, reprise de ce charbon dans l'endroit où l'on a emmagasiné pour aller le porter au-dessus des chaudières à alimenter ; enfin évacuation des mâchefers provenant de la combustion du charbon. De tels appareils ont une très grande longueur ; mais ils circulent partout, épousent les courbes les plus prononcées, montent, descendent, et cela parce qu'ils sont fixés à une chaîne d'entraînement de manière à pouvoir rester toujours verticaux, sauf lorsqu'on les oblige à se renverser, par un dispositif automatique, au point de déchargement de la matière; même dans ce cas, aussitôt le déchargement terminé, le godet redevient vertical automatiquement et il est ainsi prêt de nouveau à être chargé à son passage devant les stations de chargement.

Un grand nombre des appareils qui ont été décrits plus haut peuvent servir à la descente des marchandises ; mais il existe quelques appareils créés pour servir uniquement à cet emploi, tels sont la glissière, le descenseur à rouleaux, le plan incliné automoteur.

La glissière est fort répandue ; c'est un plancher suffisamment incliné pour que les objets placés sur lui glissent d'eux-mêmes jusqu'en bas. La glissière est droite quand la rampe n'est pas très forte; dans le cas contraire on l'établit en courbe.

Le descenseur à rouleaux est une glissière dont le plancher est formé de rouleaux parallèles libres de tourner autour de leur axe horizontal.

Le plan incliné automoteur est constitué par une voie à deux rails; un wagonnet chargé descend sur cette voie; arrivé en bas, un dispositif assure le déchargement automatique du wagonnet qu'un contrepoids fait remonter jusqu'à son point de départ.

LES APPAREILS DE LEVAGE

Parmi les appareils de levage, les plus simples nous trouvons les poulies, moufles, palans, treuils, crics, etc.

Fig. 42 — Grand pont roulant électrique de 50 tonnes

Dans les plus compliqués on range les grues dont il
existe une très grande variété : grues fixes, grues
tournantes, grues roulantes, etc. Les ponts roulants
sont des engins importants ; chacune de leurs extrémités repose sur des rails par l'intermédiaire de roues ;

Fig. 43. — Grue électrique
déchargeant un bateau avec une benne à mâchoires.

ils portent des appareils de levage divers, comme
moufles, palans, etc. ; placés dans les régions élevées
de grands ateliers, ils peuvent ainsi en desservir toutes
les parties, en y déposant et y prenant, grâce à
leurs appareils élévatoires, les pièces les plus lourdes.

Ils fonctionnent en général électriquement.

Il existe un grand nombre d'appareils de levage qui servent au chargement et au déchargement des wagons et des bateaux. Ils utilisent pour certains matériaux des bennes dites dragueuses : ces bennes s'ouvrent comme le feraient deux mâchoires, plon-

Fig. 44. — La même grue que celle de la figure 43 vidant dans des wagonnets, par l'intermédiaire d'un trémie, le charbon pris, comme le montre la figure 43.

gent dans les matières à décharger, se referment et remontent pleines. Pour les wagons, il arrive même, que l'on emploie des appareils tout à fait spéciaux, nommés culbuteurs ou basculeurs, qui saisissent le wagon, et l'inclinent fortement, ou même le retournent afin de le décharger ; on peut, par exemple, faire pénétrer le wagon dans une sorte de petit tunnel métallique à claire-voie, tunnel que l'on fait ensuite tourner sur lui-même comme un cylindre ; le wagon se trouve, dans ce mouvement, sens dessus dessous ; et son chargement passe à travers les barres

Fig. 45. — Treuil de carrière actionné par un
moteur à essence 5 HP.

de fer qui forment les parois à claire-voie du tunnel.

Signalons, en terminant, le déchargement des bateaux de minerai par un procédé électrique fort curieux qui consiste à plonger dans le minerai des électro-aimants auxquels s'attache ce minerai, en vertu du principe de l'aimantation. Ce même procédé est employé pour le déchargement de pièces métalliques qui se collent, en quelque sorte, par aimantation contre des électro-aimants ; ceux-ci, ainsi chargés, sont relevés et emmenés par des appareils de levage ; lorsqu'ils arrivent au-dessus de l'endroit indiqué, on coupe le courant électrique, l'aimantation cesse, les pièces transportées se déposent à terre à l'emplacement précis

LES TRANSPORTS SUR ROUTE

Pour clore cette question de la manutention des matières, il nous reste à donner quelques indications sur le transport des marchandises par la route. L'industriel a, dans ce cas, le choix entre trois solutions : 1° traction par chevaux ; 2° traction par moteur à essence; 3° traction par moteur à vapeur.

Il est bien entendu que les chiffres que nous allons donner ne présentent rien d'absolu et qu'il ne faut les considérer que comme indications générales.

Traction par chevaux. — Supposons le cas d'un camion de 4 tonnes traîné par deux chevaux. La dépense d'achat comprend le prix des deux chevaux, 3.000 francs, celui du camion, 1.500 francs, soit, au total : 4.500 francs. Il faut prévoir un amortissement de dix ans, soit 450 francs par an, auxquels s'ajoute un intérêt de 5 % pour le capital engagé, soit une dépense annuelle de 225 francs.

Pour la nourriture des chevaux, il y a lieu de prévoir 3 francs par jour et par animal, ce qui donne pour l'année entière et pour les deux chevaux : 2.190 francs. Le charretier travaille 300 jours par an, à 5 francs par jour; soit 1.500 francs. Les autres dépenses annuelles à prévoir sont les suivantes : assurances 400 francs, harnachement 100 francs, maréchal ferrant 120 francs (5 francs par cheval et par mois), vétérinaire 50 francs, entretien du camion 50 francs. Finalement, la dépense annuelle à prévoir est de 5.085 francs.

Quel est le travail obtenu pour cette somme ? Supposons que le camion assure les transports de l'usine à la gare située à 3 kilomètres ; il fera par jour quatre trajets aller et retour, soit 24 kilomètres, dont 12 seront effectués en charge, et les 12 autres à vide. Le camion transportera donc par jour 16 tonnes et dans l'année 4.800 tonnes.

Etant donné le prix que nous avons indiqué plus haut, il ressort que le transport d'une tonne de l'usine à la gare, c'est-à-dire sur un trajet de 3 kilomètres, a coûté 1 fr. 05 ; la tonne kilométrique revient donc à 0 fr. 35.

Traction par moteur à essence. — Les indications qui vont suivre, sur ce genre de traction, sont, cela va sans dire, antérieures à la guerre ; les efforts faits par les constructeurs depuis 1914 ont certainement amélioré les conditions d'emploi de ces véhicules ; mais il serait difficile, à l'heure actuelle, d'établir des chiffres suffisamment exacts.

Prenons donc, à titre d'exemple, un camion Delahaye primé avant les hostilités par le ministère de la Guerre pour la régularité de sa marche. (On sait que cette récompense entraînait la prime en argent, que nous verrons figurer dans les chiffres que nous allons passer en revue.)

Les dépenses à prévoir sont de deux sortes :

I. — Dépenses fixes comprenant :

    1° L'amortissement ;

    2° L'intérêt du capital engagé ;

3º Les impôts;

4º Les assurances;

5º Le mécanicien.

II. — Dépenses variables suivant le parcours annuel :

6º La consommation d'essence ;

7º La consommation d'huile ;

8º Les frais d'entretien du mécanisme ;

9º Les frais d'entretien des roues et bandages.

I. — Dépenses fixes :

1º *Amortissement.* — Le prix d'achat d'un camion de 3.000 à 3.500 kilos est de 14.400 francs environ.

L'amortissement est généralement compté en cinq années avec un parcours annuel de 30.000 kilomètres, soit 2.880 francs par an.

2º *Intérêt.* — L'intérêt du capital engagé est compté à raison de 5 % l'an, soit 720 francs.

3º *Impôts* — En prenant la taxe la plus élevée, celle d'une commune ayant plus de 4.000 habitants, elle est de 20 francs, taxe fixe, et 2 fr. 50 par cheval-vapeur, soit pour un camion de 20 chevaux-vapeurs, 20 + 50 = 70 francs.

4º *Assurances.* — Le montant des assurances s'établit de la façon suivante :

a) Incendie du véhicule, 5 francs du mille sur 14.400 = 72 francs.

b) Incendie, recours des voisins, 4 francs du mille = 57 fr. 60.

c) Mécanicien : 0 fr. 33 % = 59 fr. 40.

d) Accidents aux tiers, garantie : 50.000 francs = 294 francs.

Total : 483 francs.

5º *Mécanicien.* — On peut trouver un mécanicien,

en dehors de Paris, à raison de 150 francs par mois, soit 1.800 francs par an.

II. — Dépenses variables suivant le parcours annuel :

Basons-nous sur un parcours annuel de 30.000 kilomètres.

6° *Consommation.* — Avec une charge utile moyenne de 3.000 kilos, sur routes ordinaires, la consommation est d'environ 32 litres pour 100 kilomètres, le camion étant muni de caoutchoucs aux quatre roues : elle est de 36 litres avec les roues ferrées à l'arrière, la vitesse étant réduite.

On peut utiliser avec grand avantage le benzol, le moteur du camion en question étant fait pour son emploi sans encrassement. Le prix du benzol, hors Paris, était avant la guerre de 0 fr. 28.

La dépense en carburant est donc aux 100 kilomètres : 10 fr. 08, soit, par kilomètre, 0 fr. 10, et par tonne kilométrique $\dfrac{0,10}{3} = 0$ fr. 033.

7° *Consommation d'huile.* — Elle est de 4 litres aux 100 kilomètres, à 0 fr. 60 le litre, soit par kilomètre : 0 fr. 024, et par tonne kilométrique $\dfrac{0,024}{3} = 0$ fr. 008.

8° *Entretien du mécanisme.* — Les frais sont variables et dépendent de la façon dont le service de surveillance est établi pour la visite journalière du mécanisme.

Il est utile qu'une journée par semaine soit entièrement consacrée au nettoyage du mécanisme et à une revue générale permettant de remédier d'avance aux grosses réparations qui sont toujours la conséquence d'un entretien négligé.

En prenant pour bases les observations sur la

moyenne des réparations effectuées sur plusieurs camions du même type en service journalier, nous pouvons compter 0 fr. 06, par kilomètre soit, pour un parcours de 30.000 kilomètres, 1.800 francs ; mais cette somme se trouve considérablement réduite par la prime annuelle allouée pour l'entretien par le ministère de la Guerre pour ce camion primé ; cette prime annuelle étant de 1.200 francs, il reste donc 600 francs comme frais d'entretien du mécanisme.

9º *Entretien des roues.* — Si l'on emploie des roues caoutchoutées à l'avant il faut compter pour ces roues 2.808 francs pour un parcours de 30.000 kilomètres. Pour les roues ferrées d'arrière il faut compter 600 francs par an. Cela donne finalement pour les roues un entretien annuel de 3.408 francs.

Nous pouvons résumer dans le tableau suivant les chiffres que nous venons d'établir :

I. — Dépenses fixes :

1º Amortissement.	2.880
2º Intérêt du capital	720
3º Impôts.	70
4º Assurances	483
5º Mécanicien	1.800
Total des dépenses fixes.	5.953

II. — Dépenses variables (en se basant sur un parcours de 30.000 kilomètres).

6º Consommation de benzol. . .	3.000
7º Consommation d'huile. . . .	720
8º Entretien du mécanisme. . .	600
9º Entretien des roues ferrées et des roues caoutchoutées à l'avant.	3.408
Total des dépenses variables.	7.728
Total général.	13.681

Soit, pour la tonne kilométrique, en se basant sur une charge moyenne de 3.000 kilos, $\dfrac{13.681}{30.000 \times 3} = 0\text{ fr. }152$.

Traction par moteur à vapeur. — Les renseignements que nous consignons ici s'appliquent aux camions du système Purrey ; ils ont été également recueillis avant la guerre.

Dans ce système, la vapeur est obtenue dans un faisceau tubulaire qui donne à l'appareil une grande sécurité au point de vue explosibilité. La vapeur ainsi produite passe dans un second faisceau tubulaire, dit de surchauffe, où les particules d'eau qui auraient pu demeurer dans cette vapeur, sont elles-mêmes transformées en vapeur. L'appareil est chauffé au coke et le chargement de la grille se fait automatiquement, le coke descendant graduellement d'une trémie sur la grille. L'alimentation en eau s'accomplit aussi automatiquement grâce à un flotteur. La transmission des cylindres aux roues a lieu par chaînes.

Reprenons l'exemple que nous avons suivi pour la traction animale et supposons qu'il s'agisse de transports à effectuer entre une usine et une gare situées à 3 kilomètres l'une de l'autre. Le camion est de 5 tonnes et il traîne une remorque de 3 tonnes ; il fait 12 voyages, aller et retour, dans une journée ; il parcourt donc ainsi 72 kilomètres journellement, et comme il porte 8 tonnes par voyages, cela donne pour la journée 96 tonnes.

Le prix du camion (avec ridelles) est de 14.300 francs et celui de la remorque 2.000 francs. L'amortissement est calculé comme devant se faire sur 300.000 kilomètres, soit par an 1.177 francs ;

l'intérêt du capital engagé étant calculé à 5 % donne annuellement 815 francs ; la dépense du combustible est de 2.268 francs et celle du conducteur de 2.400 francs. Les autres dépenses annuelles sont les suivantes : graissage 324 francs (1 fr. 50 par 100 kilomètres) ; entretien de la machine : 756 francs (3 fr. 50 par 100 kilomètres) ; usure des bandages 44 francs (0 fr. 20 par 100 kilomètres) ; entretien de la caisse et de la remorque : 50 francs ; assurances, accidents et incendie 475 francs. On obtient finalement une dépense annuelle de 8.284 francs pour un transport de 28.800 tonnes ; ce qui donne, pour la tonne kilométrique, une dépense de : 0 fr. 09.

Comme on peut s'en rendre compte, les chiffres que nous avons indiqués pour le camion à essence Delahaye et le camion à vapeur Purrey ne sont pas comparables entre eux ; car le travail demandé, dans les exemples adoptés, n'est pas le même pour l'un comme pour l'autre. Malgré tout, les indications que nous avons fournies sont suffisantes pour guider un industriel dans son choix pour l'un ou l'autre de ces systèmes.

CHAPITRE IV

L'UTILISATION DE L'EAU DANS L'INDUSTRIE

Nous nous occuperons ici des applications industrielles de l'eau, laissant de côté son emploi domestique, tel que la boisson, par exemple.

On trouve l'eau partout dans l'industrie ; et c'est une des préoccupations de celui qui crée une usine que de savoir s'il aura l'eau nécessaire à sa disposition et de quelle qualité sera cette eau.

Nous verrons, au chapitre de la force motrice, l'emploi de l'eau comme producteur de cette force, qu'on l'utilise soit comme houille blanche, soit comme vapeur dans les machines.

Provenance et qualités de l'eau. — L'eau peut provenir de sources, de puits, de rivières, de la pluie et de la neige, des glaciers, des lacs et des étangs, enfin de la mer.

Les eaux de source ont une composition très variable suivant leur provenance ; mais, pour une même source, la composition et la température de l'eau sont toujours identiques ; c'est là une qualité fort précieuse pour certaines industries. Il en est de même pour les eaux des puits, avec cette remarque toutefois que celles-ci sont exposées à des contaminations. Les eaux de rivière sont de qualité extrêmement variable ; elles contiennent des matières dissoutes et des matières en suspension ; l'importance de ces matières dépend d'une foule de circonstances (la traversée des villes, notamment, agit beaucoup sur la quantité de ces matières). Les eaux de pluie sont saturées des gaz de l'atmosphère, oxygène, azote, acide carbonique ; elles n'ont pas toujours la pureté qu'on pourrait croire ; dans certaines régions, en effet, elles peuvent contenir des matières en suspension, par exemple dans le voisinage des routes poussiéreuses, dans les contrées où il y a de nombreuses usines, etc. L'eau de pluie en tombant se charge alors de bactéries de toutes sortes ; ces matières organiques provoquent la putréfaction de l'eau si celle-ci est conservée dans des endroits exposés à l'air, à la lumière ou à la chaleur. Les mêmes observations s'appliquent aux eaux de neige.

Les eaux des glaciers renferment des impuretés ; celles des lacs ont une composition qui varie beaucoup d'un lac à un autre ; les eaux d'étang, de marais, de mares ne peuvent pas être utilisées dans toutes les industries en raison des impuretés qu'elles contiennent. Enfin l'eau de la mer est très spéciale à cause de la présence du chlorure de sodium ou sel marin, qui ne permet pas partout son utilisation. Quant aux eaux minérales, elles sont rarement employées dans l'industrie ; elles peuvent être acides, acidulées, salines, ferrugineuses, sulfureuses.

Dans l'industrie on considère deux sortes d'eaux ; les eaux douces et les eaux crues ; les eaux douces sont celles qui se caractérisent par la facilité avec laquelle elles cuisent les légumes et dissolvent le savon ; les eaux crues durcissent les légumes pendant la cuisson et forment avec le savon des grumeaux plus ou moins abondants.

Les eaux de pluie et de neige fondue, de glaciers, de torrents, de rivières, de la plupart des sources et de certains puits figurent parmi les eaux douces ; parmi les eaux crues se trouvent celles de la plupart des puits et de certaines sources.

D'après ce que nous venons de dire on conçoit immédiatement que certaines industries puissent être très gênées par l'emploi d'eaux crues. La présence du calcaire dans l'eau est l'ennemi de toutes les industries qui utilisent le savon, comme par exemple, l'industrie du lavage de la laine. Les fabriques de matières colorantes et de produits chimiques exigent des eaux pures ; si elles n'en ont pas à leur disposition, elles sont obligées d'épurer celle qu'elles possèdent en vue d'éliminer les sels de chaux, de fer, de magnésie qu'elles contiendraient. Les usines d'apprêts et de teinturerie recherchent les eaux non calcaires et bien régulières dans leur composition ; les sucreries ont besoin d'eau pure pour la formation des jus sucrés dont elles retirent le sucre. Dans certaines industries même l'eau est appelée à avoir un rôle chimique qui exige des qualités spéciales ; telles sont les tanneries, les mégisseries, etc.

Nous n'avons pas l'intention de fournir ici des indications sur les qualités d'eau que demande chaque industrie, mais nous avons donné quelques exemples pour faire bien comprendre que tout industriel qui va créer une usine doit se préoccuper de l'alimentation en eau de cette usine. Souvent il sera obligé d'en arriver à l'épuration de l'eau qui se fait par divers procédés.

Epuration de l'eau. — Ces procédés sont les uns physiques, les autres chimiques ; certains réunissent les deux modes d'opération.

Les procédés physiques les plus employés sont ceux de la décantation, de la filtration, de la distillation.

La décantation consiste à laisser reposer les eaux qui abandonnent lentement le limon qu'elles tiennent en suspension ; la filtration, qui est le plus employée, utilise les matières filtrantes les plus diverses comme sable, gravier, cailloux, etc., substances fibreuses d'origine animale, végétale ou minérale, telles que laine, crin, coton, copeaux, etc. ; certaines matières ont, en même temps qu'une action filtrante, une action chimique, comme le charbon de bois ou d'os.

La distillation donne, pour les usages industriels, une eau supérieure à toutes les autres, mais son prix est en général assez élevé. La distillation rend possible l'emploi de l'eau de mer.

L'épuration chimique des eaux a pour but de leur enlever les matières qu'elles contiennent en dissolution ; on les traite à cette fin par les substances les plus variées. La substance employée agit sur la matière en dissolution et donne une nouvelle substance insoluble dans l'eau et que l'on peut par conséquent recueillir. L'épuration chimique se complète habituellement par une épuration physique qui enlève cette nouvelle substance.

Enfin l'électricité a apporté, depuis quelques années, son tribut à l'épuration des eaux ; on se sert, dans ce cas, de l'ozone qui stérilise l'eau. Le principe de cette stérilisation est le suivant : sous l'influence des décharges électriques, l'oxygène contenu dans l'air se transforme en ozone ; mis à froid au contact de l'eau polluée cet ozone brûle les microbes et les germes. Pour stériliser pratiquement l'eau de cette façon, il faut donc deux choses : 1° d'une part, un appareil dans lequel on peut soumettre l'oxygène de l'air à l'action des décharges électriques : c'est le *générateur d'ozone* ; 2° d'autre part, des organes spéciaux de mise en contact intime de l'ozone ainsi produit avec l'eau à stériliser ; ces organes constituent le *stérilisateur* proprement dit.

Nous terminerons cette question de l'épuration des eaux par quelques remarques sur l'emploi de l'eau dans les machines à vapeur.

La plupart des eaux, même très claires, renferment en dissolution des substances (le plus souvent le carbonate de chaux et le sulfate de chaux) qui, abandonnées par ces eaux dans la chaudière d'un générateur à vapeur, constituent des dépôts très adhérents recouvrant le foyer et les tubes ; ces dépôts rendent très difficile la tranmission de la chaleur et isolent le métal de l'eau, ce qui provoque des altérations ; ils sont susceptibles aussi, lorsqu'ils se détachent subitement, de provoquer des vaporisations instantanées capables de produire une explosion.

Pour remédier à ces graves inconvénients, on fait usage de substances dites : « désincrustants », que l'on met dans l'eau des chaudières ; elles agissent de deux façons : ou bien elles forment avec les matières qui auraient donné des dépôts, de nouveaux corps qui restent en dissolution dans l'eau ; c'est une *action chimique ;* ou bien, elles forment avec ces mêmes matières des poudres ou des boues qui, ne s'attachant plus aux chaudières, se déposent dans le fond, et peuvent facilement être enlevées au moment des nettoyages ; c'est une *action mécanique.*

MOYENS DE SE PROCURER DE L'EAU

L'eau nécessaire à l'industriel peut lui être fournie de plusieurs manières : la plus simple est évidemment le branchement sur la canalisation de la ville lorsque cela est possible. Si l'industriel dispose d'une source la question demeure encore très simple.

Prise d'eau dans une rivière. — S'il ne possède pas de source il peut puiser l'eau dans une rivière; la prise d'eau dans une rivière se ramène à deux cas bien distincts : si l'on a affaire à un ruisseau ou à une rivière non flottable et non navigable qui borde le terrain de l'usine et où l'on peut à volonté puiser de l'eau, une simple dérivation commandée par un vannage permet alors d'amener cette eau dans un réservoir placé en un point quelconque de la propriété. Au contraire, si la rivière est navigable et bordée par un chemin de halage ou de circulation, il faut alors creuser un puits qui arrive plus bas que le niveau du fond de la rivière ; on fait communiquer ce puits avec le fond de la rivière par une conduite débouchant au milieu du courant ; on a ainsi de l'eau aussi pure que possible. L'extrémité de la conduite n'est pas ouverte directement dans l'eau ; on la termine par ce que l'on nomme une crépine : c'est un organe percé de trous à la façon d'une pomme d'arrosoir et qui empêche les sables ou toute autre matière de venir engorger les tuyaux.

Comment recueillir l'eau de pluie. — L'eau de pluie est souvent une ressource précieuse pour l'industriel; pour la recueillir on utilise les toitures des bâtiments de l'usine, dont on dirige les gouttières et conduites vers un réservoir. Les appareils pour recueillir les eaux de pluie sont de genres différents. Le procédé qui consiste à recevoir directement dans des citernes les eaux qui ont passé sur les toits est mauvais, parce que les premières eaux qui coulent sur les toitures servent au lavage de ces dernières et sont ainsi chargées d'impuretés fort gênantes dans certaines industries ; d'autre part, ces eaux reposent dans la citerne sur un fond vaseux formé par ces impuretés ; l'épaisseur de ce fond augmente rapidement ; l'eau devient de plus en plus malpropre et de fréquents nettoyages s'imposent.

D'autres installations comportent un réservoir dit de décantation, dans lequel arrivent les tuyaux du toit amenant eaux et ordures qui barbotent ensemble avant le déversement dans la citerne qui se produit lorsque ce réservoir est trop plein ; évidemment, ce dernier garde les ordures les plus lourdes, mais les plus légères passent cependant dans la citerne, et l'eau se trouve plus contaminée après un tel barbotage.

Enfin un troisième procédé consiste à recueillir l'eau dans un bac d'où, par l'intermédiaire d'une grille et d'un filtre, elle arrive à la citerne ; il n'y a plus, dans ce cas, de corps étrangers entraînés, mais l'eau qui arrive dans la citerne ne perd pas l'odeur des ordures qu'elle a contenues et qui l'ont plus ou moins contaminée.

Les seuls procédés qui peuvent donner satisfaction, sont ceux qui ne recueillent les eaux dans la citerne qu'une fois les toits bien lavés, d'une part, et qui, d'autre part, fonctionnent automatiquement afin de ne pas dépendre de la mauvaise volonté ou de l'oubli de quelqu'un.

Voici trois appareils qui répondent à cette condition :

Le premier se compose de deux réservoirs : un d'eau potable (1) ; un d'eau sale (2), desservi par un morceau de chéneau (3), basculant autour d'un tourillon (4). L'extrémité (5) du chéneau porte la tige d'un flotteur (6) qui nage à la surface de l'eau sale dans (2). Voici ce qui se passe : l'eau du toit arrive par (7) et tombe dans (3) ; à ce moment (2) étant vide le flotteur est au fond de (2) et le chéneau est dirigé vers (2) ; les premières eaux tombées vont donc dans le réservoir d'eau sale, l'emplissant peu à peu, et font monter le flotteur qui remonte le chéneau jusqu'à le faire basculer. A ce moment les eaux sont diri-

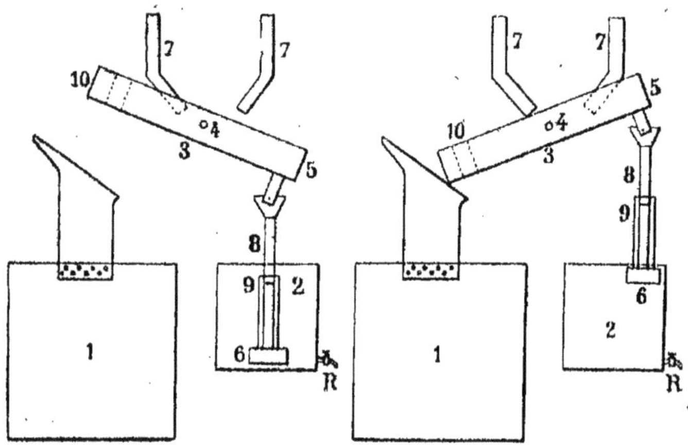

FIG. 46. — Schéma de l'appareil pour recueillir l'eau de pluie.

gées vers (1). Les eaux passent de (3) en (2) au moyen d'un conduit formé de deux parties tubulaires (8) et (9) qui traverse le flotteur pour que les eaux ne puissent l'éclabousser. Les deux parties tubulaires s'engagent l'une dans l'autre dans les mouvements de va-et-vient du flotteur.

On a dû prévoir le cas où quelque corps étranger est demeuré sur les toits ou y a été apporté par le vent ou la tempête, après que la communication a été établie entre les toits et le réservoir d'eau potable ; aussi a-t-on complété l'appareil en munissant le chéneau à son extrémité (10) d'un tamis métallique, précédé de deux grilles ; de plus, les eaux qui s'écoulent du chéneau basculant au lieu de s'engager dans un orifice ouvert, tombent dans une sorte d'entonnoir formé d'une caisse à parois et fond perforés et remplie de gravier. Enfin le chéneau lui-même est recouvert d'une toile métallique pour être à l'abri de l'arrivée d'un corps quelconque.

On conçoit qu'il faut régler l'appareil suivant la quantité d'eau à laisser passer dans le réservoir du flotteur avant de lui permettre d'aller au réservoir d'eau potable. Ceci dépend de la nature de la toiture (chaume, ardoises, tuiles plates, etc.) et des causes qui concourent à la salir (voisinage du chemin de fer, d'une route poussiéreuse, fumées évacuées par l'usine elle-même ou par des usines voisines). De nombreuses expériences ont montré que la quantité d'eau nécessaire au lavage d'une toiture atteignait au moins quatre litres par mètre carré pour un toit placé dans les meilleures conditions et pouvait exiger six, huit, dix litres pour un toit dans de mauvaises conditions.

Quoi qu'il en soit, il est facile de disposer le flotteur pour qu'il fasse basculer le chéneau au moment voulu et si d'ailleurs, après quelques expériences, on reconnaît qu'il bascule trop tôt, on le règle une seconde fois.

Quand la pluie cesse, il est indiscutable que, si l'on ne vidait pas le réservoir du flotteur, lorsque la pluie recommencerait les eaux venant du toit iraient tout droit dans le réservoir d'eau potable ; d'autre part, si l'on vidait le réservoir (2) aussitôt la pluie finie, et qu'il plût de nouveau immédiatement, le toit n'aurait pas le temps d'être sali, et c'est de l'eau propre qu'on enverrait se perdre dans le réservoir ; pour éviter ces inconvénients, on a placé au bas du réservoir (2) un robinet (R), qui, goutte à goutte, vide ce réservoir ; ce robinet gradué est calculé pour laisser écouler chaque jour une certaine quantité d'eau pro-

Fig. 47. — Vue de l'appareil pour recueillir l'eau de pluie.

portionnelle, en quelque sorte, à la quantité de saletés déposées sur les toits ; en un mot, grâce à ce robinet, on laisse durer la communication entre le toit et le réservoir d'eau sale le temps nécessaire au lavage du toit.

Le second système est à « volet vanne » ; l'eau arrive dans la caisse (A) et, passant par (B), arrive dans le réservoir du flotteur (C) ; le flotteur (D) monte et, dans son mouvement, entraîne (E) qui entraîne lui-même le volet (F) ; finalement, celui-ci prend la position (1), (2), et l'eau passe en (A) pour aller dans le réservoir d'eau potable en passant par deux grilles et un tamis.

Enfin le troisième appareil, très simple, se compose d'un entonnoir qui reçoit l'eau du toit et la dirige vers un réservoir à flotteur ; celui-ci, à un moment donné, dirige l'ouverture inférieure de l'entonnoir vers le réservoir d'eau potable.

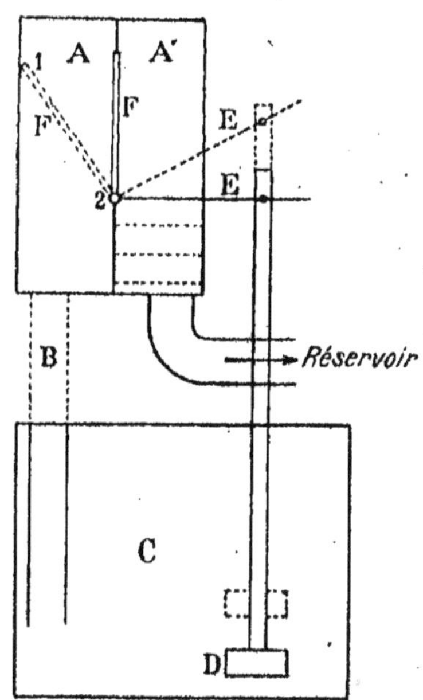

Fig. 48. — Schéma de l'appareil à volet vanne pour recueillir l'eau de pluie.

Voici quelques chiffres intéressants sur les quanittés d'eau de pluie que l'on peut recueillir : supposons un pays qui reçoit annuellement une quantité d'eau de 1 mètre de haut. Chaque mètre carré reçoit donc mille litres. Une petite maison de 12 mètres sur 8, soit 96 mètres carrés, reçoit donc sur ses toits, en une année, près de 96.000 litres d'eau ; soit une moyenne de 266 litres par jour.

Nous ferons ici une remarque fort importante, c'est qu'il faut éviter les canalisations en plomb pour les eaux de pluie. Ce métal est, en effet, légèrement soluble dans l'eau peu calcaire venant de l'atmosphère et peut lui transmettre des propriétés toxiques.

Les puits. — Les puits constituent encore un des moyens dont l'industriel dispose pour se procurer de l'eau. Ils peuvent être établis d'une façon définitive, en maçonnerie, ou au contraire appartenir au type dénommé « puits instantané ». Le puits instantané est des plus simples : il consiste en un tube creux ou une série de tubes creux placés les uns au bout des autres. Leur installation a lieu de la façon suivante : on prépare l'entrée du terrain en creusant avec une bêche un trou, au-dessus duquel on installe ce que l'on nomme un mouton ; cet appareil est destiné à enfoncer les tubes, par des coups répétés. Le premier tube est placé verticalement au-dessus du trou qu'on vient de préparer ; le bas de ce tube se termine par une pointe plus large, et au-dessus de

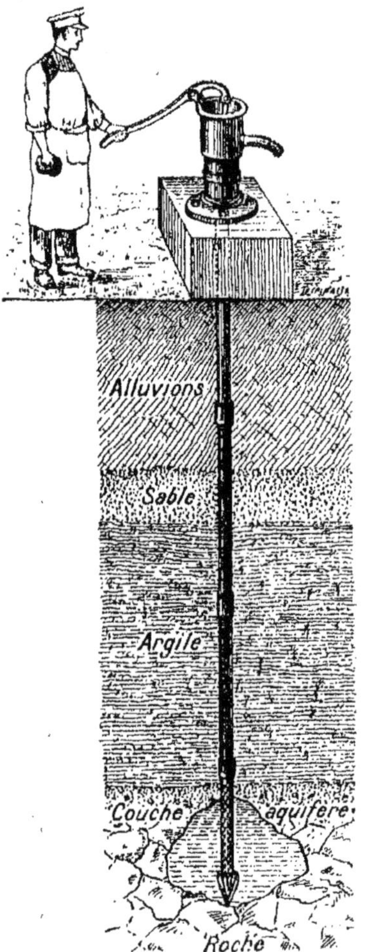

Fig. 49. — Puits instantané.

cette pointe, sur une certaine longueur, il est percé de trous. On fixe au sommet du tube une tige à arête supérieure saillante, sur laquelle vient frapper le mouton. Quand le premier tube est enfoncé jusqu'à disparaître, on démonte la tige ; on visse un second tube sur le premier et, ayant de nouveau fixé la tige au sommet du second tube, on recommence le battage ; quand on a atteint la couche aquifère, on place une pompe sur le dernier tube enfoncé. La première eau est trouble par suite de l'entraînement des sables et terres fines.

ÉLÉVATION DE L'EAU

La question intéressante qui se pose quand l'industriel est arrivé à avoir de l'eau, soit par une source, soit par une rivière, soit par des puits, c'est de pouvoir élever cette eau jusqu'à son usine et de la distribuer dans tous les bâtiments dont elle se compose.

Les appareils qui servent à élever l'eau sont de deux sortes : les appareils automatiques et les appareils non automatiques.

Appareils automatiques pour élever l'eau. — Parmi les premiers nous citerons le bélier hydraulique, le moulin à vent, etc.

Ce sont des appareils très pratiques puisqu'une fois installés il n'y a plus besoin de surveiller leur fonctionnement, mais ils ne sont applicables que dans des conditions déterminées.

Le *bélier hydraulique* utilise « le coup de bélier » qui est le choc produit par une masse d'eau en mouvement que l'on arrête brusquement. On a recours à ce choc pour élever une certaine quantité d'eau. Il faut, pour que le bélier puisse fonctionner, une chute d'eau d'au moins 0 m. 75 et un débit de 3 litres d'eau à la minute au minimum. Le bélier n'élève qu'une partie de l'eau qu'il reçoit.

Le moulin à vent peut s'installer en de nombreux endroits. Il existe, en effet, en France, un grand nombre de régions où souffle un vent à peu près constant ; sans parler du littoral et des plaines du Nord, de l'Ouest et du Centre où les vents ont toujours une certaine intensité, il y a dans les grandes vallées larges et profondes des courants d'air de direction et de force presque constantes, permettant l'emploi, pour l'élévation de l'eau, de ces appareils qui n'ont plus, l'aspect ni la constitution des antiques moulins à vent. Ce sont des engins légers montés sur des pylônes élancés, et comportant une roue munie à sa périphérie d'ailettes dirigées dans le sens des rayons de la roue ; un grand gouvernail maintient cette roue face au vent, en général, car en cas de tempête, par suite d'une disposition spéciale de l'appareil, la roue se place automatiquement dans le plan du gouvernail pour donner moins de prise au vent. Un amortisseur empêche les mouvements trop brusques du gouvernail, assurant ainsi un changement progressif dans la position de la roue.

Le mouvement de rotation de la roue est transformé en mouvement alternatif par un jeu d'engrenages doubles assurant la réduction nécessaire de la vitesse, car le mouvement de la tige du piston doit être bien

Fig. 50.
Bélier hydraulique.

régulier. On met l'appareil en marche et on l'arrête du bas du pylône en manœuvrant un petit treuil. On peut même ajouter un dispositif automatique qui arrêtera le mouvement du moulin à vent lorsque le réservoir à eau sera près de déborder ; ce dispositif est actionné par un flotteur. On est arrivé, avec ce genre d'appareils, à prendre de l'eau dans une source ou dans une rivière et à l'élever dans des réservoirs situés à une hauteur de 45 mètres et à une distance allant jusqu'à 800 mètres.

A titre d'indication, disons qu'un moulin de ce type, de 2 m. 40 de diamètre, peut actionner une pompe de 76 millimètres de diamètre et donner un débit d'environ 500 litres à l'heure par vent de 3 m. 60 à la seconde,

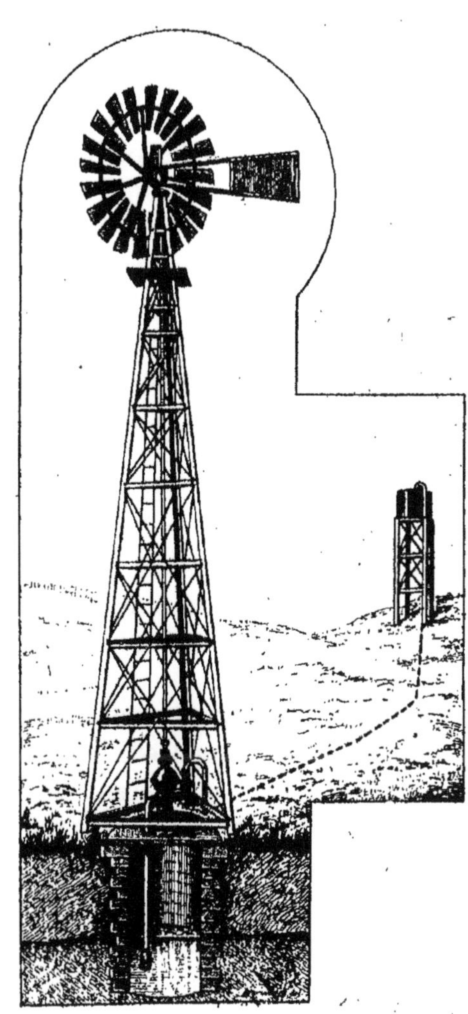

Fig. 51. — Moulin à vent.

et d'environ 1.000 litres à l'heure par vent de 6 m. 75. Si l'on compte sur une moyenne de 10 heures de vent par jour, on peut atteindre ainsi un débit quotidien de 5.000 à 10.000 litres suivant le vent. Naturellement nous ne prenons ce chiffre de 10 heures que comme exemple, car il peut varier de 6 heures à 20 heures suivant les points.

Ces moulins fonctionnent par des vents très faibles, mais il faut avoir soin de les monter assez haut pour qu'ils atteignent des régions de l'atmosphère où règne une brise presque constante ; on dispose maintenant de pylônes qui peuvent s'élever à 24 et même 30 mètres de hauteur, grâce à leur légèreté et à leur solidité obtenues en employant de légères charpentes en cornières d'acier, qui offrent d'ailleurs le minimum de surface présentée au vent. Leur faible poids permet de les monter sur le sol et de les dresser d'une seule pièce après y avoir fixé le moulin à vent ; à titre d'indication nous noterons qu'un pylône de 18 mètres pèse moins de 500 kilos.

Appareils non automatiques pour élever l'eau. — Les appareils non automatiques, destinés à élever l'eau, consistent en une pompe actionnée par un manège, un moteur ou à essence ou à pétrole ou électrique. Dans tous les cas, il faut bien se souvenir que les pompes aspirantes fonctionnent, pour élever l'eau, à 7 m. 50 ou 8 mètres et que, si la différence de niveau est plus grande, il faut prendre une pompe aspirante et foulante.

On admet qu'un homme peut élever en travail continu 6 litres d'eau à la seconde à la hauteur de 1 mètre, ou 1 litre d'eau à la seconde à la hauteur de 6 mètres. Si la hauteur d'élévation est de 12 mètres, un homme ne pourra élever qu'un 1/2 litre à la seconde ; c'est ce qu'on exprime en mécanique en disant qu'un homme produit un travail de 6 kilogrammètres à la seconde, puisqu'un litre d'eau pèse 1 kilogramme. Si l'on fait le prix de revient du travail

Fig. 52. — Groupe motopompe d'arrosage sur brouette ; débit 4.000 litres, pression 3 kilos.

mécanique de l'homme, on trouve que ce prix est excessivement élevé relativement au travail d'un moteur à essence par exemple.

Un cheval de force moyenne peut élever 40 litres d'eau à la seconde à 1 mètre de hauteur, ou 1 litre à 40 mètres de hauteur.

Enfin un moteur mécanique d'une puissance d'un cheval-vapeur peut élever 75 litres d'eau à la seconde à une hauteur de 1 mètre ou 1 litre à 75 mètres de hauteur ; c'est-à-dire qu'un tout petit moteur d'un cheval-vapeur peut faire plus que le travail de 10 hommes pour un prix considérablement moindre. Il est bon, en outre, de remarquer qu'un moteur mécanique peut marcher 24 heures, alors que l'homme est obligé d'interrompre son travail par des intervalles de repos nécessaires.

ÉPURATION DES EAUX USAGÉES

Enfin, dans l'industrie, on est souvent obligé de se préoccuper de l'épuration de l'eau déjà utilisée et souillée. Des règlements de police s'opposent, en effet, à l'envoi dans les fleuves et les rivières des eaux contenant ou des matières dangereuses soit pour la santé publique, soit pour les poissons, ou des produits pouvant amener des détériorations.

Cette épuration s'obtient par divers procédés : clarification par dépôt ou filtration, épuration biologique, c'est-à-dire basée sur le travail de bactéries, précipitation chimique. A titre d'exemple, nous pouvons indiquer que les féculeries, les boyauderies, les usines de dégraissage, d'apprêts, de produits chimiques, de matières colorantes, etc., rentrent dans la catégorie des industries évacuant des eaux dangereuses.

CHAPITRE V

L'ÉLECTRICITÉ
ET SES APPLICATIONS INDUSTRIELLES

L'électricité tient dans la vie moderne, et dans l'industrie en particulier, une place de tout premier ordre, et ses applications déjà si nombreuses se multiplient chaque jour.

FABRICATION ET FORMES DIVERSES DU COURANT ÉLECTRIQUE

Le courant électrique est fabriqué soit par piles, soit par machines. La fabrication par piles ne convient qu'à des applications limitées, comme sonnettes, téléphone, télégraphe, etc. ; on sait qu'en principe une pile s'obtient en plongeant dans un liquide acide une lame de charbon de cornue et une lame de zinc. Si l'on réunit les deux lames par un fil de cuivre on constate alors qu'il y a courant électrique ; ce courant est dû à l'action chimique qui se passe dans la pile, action qui n'est autre que l'attaque du zinc par l'acide.

La fabrication industrielle de l'électricité est produite par la rotation d'une dynamo que l'on actionne au moyen soit d'une machine à vapeur, d'une turbine à vapeur, d'un moteur, soit d'une turbine à eau. Suivant le type de dynamo employé on obtient soit du courant continu, soit du courant alternatif; le courant alternatif peut être simple ou triphasé. Un courant électrique est à haute tension ou à basse tension. Des appareils appelés transformateurs permettent d'apporter toutes les modifications voulues au courant électrique : transformer un courant alternatif en un courant continu et réciproquement ; transformer un courant d'un voltage déterminé en un courant d'un autre voltage.

Les installations de la gare du quai d'Orsay, à Paris (Compagnie d'Orléans), sont, à ce point de vue, très intéressantes et font comprendre la série des transformations que l'on peut faire subir au courant électrique. Ce dernier arrive à la sous-station de cette gare sous forme de courant alternatif triphasé de 5.000 volts, des transformateurs le changent en alternatif triphasé de 350 volts; puis, sous l'action d'autres transformateurs, il devient continu à la tension de 500 volts ; il sera ainsi utilisé pour la traction des trains. Enfin d'autres transformateurs prennent une partie de ce courant continu 500 volts pour en faire du continu 110 volts destiné à l'éclairage.

Chaque forme de courant a des avantages qui lui sont propres : le courant alternatif notamment est précieux pour les transports d'énergie électrique à grande distance (nous devons cependant signaler le transport d'énergie électrique par courant continu de Saint-Maurice à Lausanne (Suisse), sur une distance de 25 kilomètres). Le courant continu est indispensable pour certaines applications industrielles comme l'électrochimie.

Nous avons dit qu'un des modes de fabrication du courant électrique consistait à actionner une dynamo par une turbine à eau ; ceci nous amène à noter quelques observations sur la richesse de la France en chutes d'eau, en « houille blanche », suivant l'expression consacrée.

Des spécialistes ont calculé la quantité totale de chevaux-vapeur que les cours d'eau français mettent à notre disposition et ils ont trouvé le chiffre de 4.600.000, en étiage, c'est-à-dire correspondant au niveau des eaux les plus basses.

La répartition de cette puissance a lieu de la façon suivante :

Puissance en étiage :

Massif central, Jura, Vosges.	900.000	ch^x-vapeur
Alpes septentriouales. . . .	1.000.000	—
Alpes méridionales.	1.300.000	—
Pyrénées et reste de la France.	1.400.000	—

Si, maintenant, on veut connaître la richesse de nos chutes d'eau en prenant leur puissance en eaux moyennes, et non en eaux les plus basses, on trouve pour la France entière le total de 9.200.000 chevaux-vapeur se répartissant de la façon suivante :

Puissance en eaux moyennes :

Massif central, Jura, Vosges.	1.800.000	ch^x-vapeur
Alpes septentrionales. . . .	2.000.000	—
Alpes méridionales.	2.600.000	—
Pyrénées et reste de la France.	2.800.000	—

Or nous n'utilisons encore qu'une faible partie de cette force importante ; voici, en effet, les quantités de chevaux-vapeur employées (renseignements de 1913).

Massif central 55.000.

Alpes 491.000.

Pyrénées et reste de la France : 63.000 (donc 58.000 pour les Pyrénées).

Le total est donc pour la France entière de 609.000 chevaux-vapeur.

On voit immédiatement qu'il y a une grande marge d'utilisation disponible encore, puisque nous n'employons que 13 % environ de notre capacité en houille blanche prise à l'étiage. Il est juste d'ajouter cependant que, pour les usines actuellement en construction ou projetées, il est prévu une consommation de 755.000 chevaux-vapeur ; ce chiffre, ajouté aux 609.000 utilisés dès maintenant, donnera un total de 1.364.000, soit 30 % environ de la puissance totale prise à l'étiage.

Enfin il est intéressant de constater que, pour ce qui concerne la puissance actuellement exploitée de nos chutes d'eau, la moitié environ en est utilisée dans des industries électro-chimiques et électro-métallurgiques ; l'autre moitié est destinée à l'éclairage, la force motrice et la traction.

Signalons qu'il est extrêmement facile, lorsqu'on n'a pas à sa disposition l'électricité fournie par une entreprise, de fabriquer soi-même son électricité. Dans ce cas, la petite usine nécessaire comporte : 1º un moteur ; 2º une dynamo génératrice ; 3º une batterie d'accumulateurs ; 4º un tableau de distribution.

Le moteur peut être d'un type quelconque : à vapeur, à gaz pauvre, à essence, au benzol, au pétrole, à naphtaline, moulin à vent, enfin turbine ou roue hydraulique si l'on est voisin d'une chute d'eau. La dynamo génératrice est actionnée par le moteur au moyen d'une courroie qui agit sur une poulie placée à l'extrémité de sa partie mobile. Dans ces conditions, on conçoit que, si le moteur s'arrête, la dynamo cesse de produire et que, dès lors, lumière ou force motrice disparaissent subitement, l'électricité faisant brusquement défaut. Or, il serait bien

peu pratique et très onéreux de faire tourner conti-
nuellement le moteur pour avoir force ou lumière au
moment où on en a besoin ; on a donc été amené à
créer des réservoirs d'électricité qu'on appelle accumulateurs. Dans ce but, on groupe un certain nombre
d'éléments d'accumulateurs, en quantité suffisante
pour obtenir la tension voulue, et cet ensemble constitue une batterie.

La batterie emmagasine l'électricité pendant le
fonctionnement du moteur et assure le service de
l'éclairage ou de la force avec la plus grande commo-
dité en fournissant un courant extrêmement régulier
à toute heure du jour et de la nuit, le moteur étant
au repos. La charge de la batterie peut n'avoir lieu,
suivant l'importance de l'installation, qu'une fois par
jour, ou même une ou deux fois seulement par
semaine.

Le tableau de distribution doit être à la portée de la
main ; il comporte les appareils de mesure, de manœuvre, de réglage et de sécurité nécessaires à l'installation.

Par la combinaison des appareils de manœuvre
on peut diriger le courant de la dynamo soit directement dans les lampes, soit dans la batterie d'accumulateurs, soit dans les deux simultanément ; on peut
diriger aussi le courant de la batterie seule dans les
lampes, ou éclairer également par la batterie et la
dynamo en parallèle ; on peut donc faire toutes les
combinaisons de lumière nécessaire et contrôler à
chaque instant la tension et l'intensité du courant.

Les organes dont nous venons de parler : moteur,
dynamo, batterie d'accumulateurs, tableau de distribution, se réunissent dans un local à part, local dont
les dimensions sont minimes.

LES ACCUMULATEURS

Avant de continuer cette étude, nous dirons quelques mots des accumulateurs.

Un accumulateur se compose, en principe, de deux lames de plomb placées, en face l'une de l'autre et sans se toucher, dans un vase en verre rempli d'eau

Fig. 53. — Accumulateurs montés.

acidulée ; si l'on réunit ces deux lames aux deux plaques d'une pile, on voit, au bout d'un certain temps, des bulles se dégager sur chacune des lames de l'accumulateur ; si l'on supprime la réunion de l'accumulateur à la pile et que l'on réunisse les deux lames de l'accumulateur par un fil de cuivre, on constate qu'il se produit un courant électrique énergique ;

c'est ce courant que l'on utilise quand on emploie un accumulateur.

Le chargement d'un accumulateur peut avoir lieu par une pile ou par une dynamo.

Une des plus usuelles applications des accumulateurs est leur emploi dans les usines électriques où ils servent à emmagasiner pendant la journée l'électricité fabriquée par les machines. De telles usines contiennent, en effet, un matériel important ne fonctionnant que pendant les heures d'éclairage ; en y ajoutant des accumulateurs, on peut laisser les machines en action toute la journée pour le chargement des accumulateurs (sauf pendant une période nécessaire à l'entretien desdites machines). Au moment où l'éclairage entre en service toute la réserve d'électricité emmagasinée pendant des heures peut alors être utilisée ; on obtient ainsi à cet instant une énergie beaucoup plus grande qu'avec les machines seules ; ce qui permet, soit d'avoir un plus grand nombre d'abonnés avec les mêmes machines, soit de conserver le même nombre d'abonnés, mais en réduisant la puissance des machines et, par conséquent, le prix d'installation de l'usine, cette diminution de puissance étant compensée par la réserve des accumulateurs.

Toutefois un des grands inconvénients des accumulateurs c'est leur poids considérable dû au plomb qu'ils renferment. Ce désavantage empêche le développement de leur emploi dans la traction des chemins de fer, des tramways et des automobiles où il serait pourtant la solution rêvée. Malheureusement, pour un poids énorme à traîner, on emporte fort peu d'électricité et on est obligé, au bout d'une très petite distance parcourue, de recharger les accumulateurs. Des chercheurs nombreux tentent de trouver l'accumulateur léger, c'est-à-dire composé de plaques autres que celles de plomb. Scientifiquement rien ne s'oppose à ce que l'on obtienne la solution de ce problème ; il y aura, ce jour-là, un bouleversement dans les moyens de transport et dans bien d'autres applications.

APPLICATIONS DU COURANT ÉLECTRIQUE

Nous venons de passer en revue les procédés de fabrication du courant électrique par piles et par machines, et nous avons également étudié les réservoirs à électricité ou accumulateurs.

Nous allons maintenant faire une rapide incursion dans le domaine des applications de courant électrique, qui sont innombrables, soit que ce courant soit utilisé près de son lieu de fabrication ou, au contraire, en un point éloigné. Un des avantages considérables de l'électricité est la possibilité de la transporter à de grandes distances ; pour la force motrice notamment, ce transport a des résultats d'une énorme importance.

L'UTILISATION DE L'ÉLECTRICITÉ COMME FORCE MOTRICE

L'emploi des moteurs électriques se développe de plus en plus. L'organisation ancienne des ateliers reposait sur l'emploi d'une machine à vapeur qui distribuait la force motrice dans tout l'atelier par l'intermédiaire d'arbres de transmission, de poulies, de courroies allant porter à chaque outil l'énergie nécessaire. Outre qu'une telle disposition provoquait un encombrement fort gênant, une grande partie de la force motrice, souvent la moitié, était inutilement perdue en résistances et frottements de tous genres.

Grâce au moteur électrique une installation d'atelier se trouve très simplifiée ; poulies, courroies, engrenages, disparaissent, et quelques fils suffisent à porter partout le courant électrique produit par une dynamo qu'actionne un moteur ou une machine à vapeur.

Chaque outil possède son moteur mis en mouvement par le courant électrique. L'économie d'énergie réalisée dans un atelier, par une transmission électrique au lieu d'une transmission mécanique, atteint 25 % environ, et le prix est moindre pour installer une pareille transmission

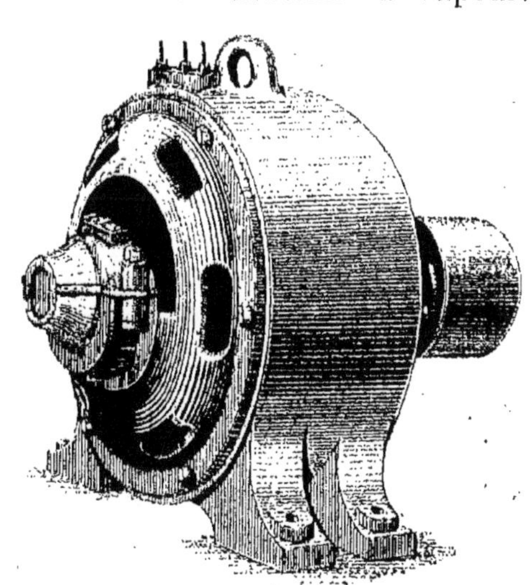

Fig. 54. — Vue d'ensemble d'un moteur triphasé.

que pour établir une transmission mécanique.

Enfin la transmission électrique joue un rôle de premier ordre dans les usines qui possèdent plusieurs ateliers répartis dans des bâtiments distincts ; avec la transmission mécanique il était indispensable d'avoir une machine à vapeur par bâtiment ; avec la transmission électrique une seule machine suffit, câbles et fils se chargeant de porter le courant dans les bâtiments éloignés.

Dans la petite industrie, le moteur électrique est appelé à jouer de jour en jour un rôle plus important. Le courant électrique qui dessert les abonnés pour l'éclairage peut aussi bien transmettre la force motrice à de petits moteurs actionnant une foule d'outils, encore généralement manœuvrés à bras ; à ce point de vue une véritable transformation s'opère dans les régions largement pourvues d'électricité, comme la Haute-Loire, par exemple ; là le moteur électrique remplace le métier à main, et la conséquence en est de provoquer le retour du travail à domicile ; cette transformation se manifeste surtout chez les passementiers, les rubaniers, les tailleurs de limes, les façonniers de bois, etc.

En agriculture, l'utilisation du moteur électrique est appelée à jouer un rôle fort important, depuis le développement des sociétés distributrices d'énergie. Les entreprises agricoles utilisent dans une large mesure des moteurs électriques actionnant de petites machines comme : écrémeuses et barattes dans les laiteries, pompes, pressoirs et petites installations frigorifiques dans les établissements vinicoles, outils constituant l'atelier de petite mécanique et de charronnage pour l'entretien du matériel agricole, hache-paille, lessiveuses, essoreuses, calandres, concasseurs de grains, mélangeurs, etc.

Le moteur électrique actionne aussi des appareils plus importants, tels que les batteuses, les pompes à irrigation, les laboureuses électriques, etc.

L'utilisation de l'électricité dans la traction est une application du transport de l'énergie à distance par l'électricité et de son emploi dans des moteurs.

Les tramways reçoivent leur électricité d'un conducteur de courant par l'intermédiaire de trolleys aériens, de frotteurs souterrains, ou de plots. Le trolley aérien est soit à roulette (c'est le cas le plus général), soit à archet, c'est-à-dire terminé par une tige ayant la forme d'un arc de cercle. Le frotteur souterrain est le système employé dans certaines grandes villes, comme Paris, où par esthétique on ne veut pas adopter le trolley aérien ; dans ce cas, le courant arrive par un conducteur enfermé, sous la voie publique, dans un caniveau percé d'une fente à sa partie supérieure ; le frotteur, dont est muni le

Fig. 55.—Moteur de tramway électrique monté sur l'essieu.

tramway, glisse dans la fente et établit le contact entre le véhicule et le conducteur. Malheureusement l'installation de ce système de caniveau souterrain est d'un prix extrêmement élevé qui atteint de 300.000 à 400.000 francs le kilomètre, tandis que le système à trolley aérien ne revient qu'à environ 20.000 francs le kilomètre.

Le système par prise de contact au niveau du sol, dont le plot est le type, ne prend pas d'extension ; le plot est un pavé métallique que touche à son passage un balai conducteur porté par le tramway.

Dans les chemins de fer, la traction a lieu par trolley aérien, ou grâce à un frotteur porté par le véhicule et qui glisse sur un troisième rail établi sur la voie.

Nous avons vu que les accumulateurs ne pouvaient se développer à l'heure actuelle dans la traction des tramways, des trains ou des automobiles en raison de leur poids élevé nécessitant des recharges fréquentes.

Pour les automobiles nous devons signaler une application du trolley aérien à la traction d'un autobus que l'on a pu voir circuler près de Paris dans le bois de Vincennes ; le trolley était constitué par un câble souple établissant le contact entre le moteur du véhicule et le câble aérien.

Dans les usines nous trouvons l'électricité employée à la traction d'une foule de petites machines de service dont il a été question au chapitre de la manutention des marchandises dans l'industrie.

Enfin, pour terminer ce qui se rapporte à la traction, nous rappellerons que l'on applique aussi l'électricité par trolley aux bateaux circulant sur les canaux. Le câble électrique, supporté par des consoles, est à terre ; le trolley du bateau est en contact avec lui ; le courant met en mouvement, sur le bateau, un moteur qui lui-même actionne une hélice ; il est à peine besoin de mentionner la supériorité de ce système sur le halage par chevaux..

L'UTILISATION DE L'ÉLECTRICITÉ DANS SES EFFETS CHIMIQUES

Cette utilisation est basée sur le phénomène de l'électrolyse, c'est-à-dire, sur la séparation, grâce au courant électrique, des éléments qui entrent dans la composition d'un corps composé. Le principe est le suivant : on fait une dissolution du corps, on plonge dans cette dissolution deux lames de métal que l'on maintient séparées l'une de l'autre. Ces deux lames sont reliées à une dynamo ; le courant passe donc d'une lame à l'autre à travers la dissolution et on constate que cette dernière se décompose; les lames métalliques sont appelées « électrodes »; l'une est l'électrode positive, c'est celle par laquelle arrive le courant; l'autre est l'électrode négative, et c'est par elle que le courant repart.

D'après ce principe on électrolyse le sel marin dont on tire, suivant la marche que l'on donne à l'opération, de l'eau de Javel, de la soude, du chlore, du chlorate de potasse. De même, l'électrolyse sert à fabriquer des couleurs par l'emploi de dissolutions appropriées.

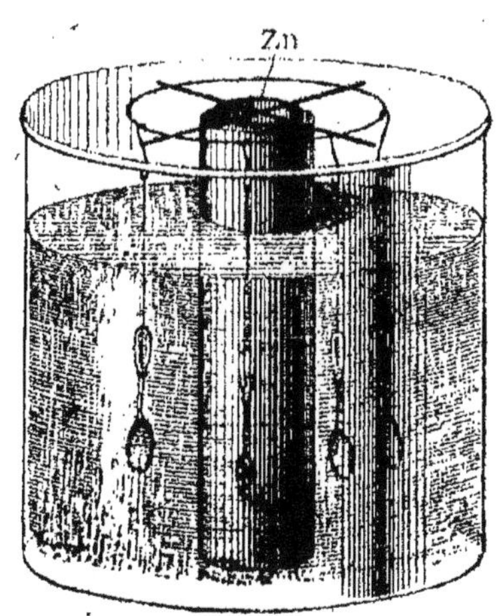

Fig. 56. — Appareil simple pour la galvanoplastie.

La galvanoplastie est basée sur l'électrolyse ; l'objet à métalliser constitue l'électrode négative ; l'électrode positive est faite d'une lame du métal dont on veut recouvrir l'objet. La dissolution est une solution saline de ce métal. Quand le courant passe, l'objet se recouvre de métal, parce que la solution saline se décompose et lui abandonne son métal; mais la solution reprend immédiatement à l'électrode positive le métal qu'elle a abandonné à l'électrode négative ;

finalement l'électrode positive se dissout en quelque sorte dans la solution. Il y a donc, finalement, transport de métal de l'électrode positive sur l'électrode négative. Le courant est fourni par piles ou dynamos.

On opère de la sorte pour obtenir : cuivrage, nickelage, argenture, dorure. Pour le cuivrage, par exemple, l'électrode positive est en cuivre, la solution est du sulfate de cuivre. Pour l'argenture, l'électrode positive est une lame d'argent, la solution est un sel d'argent.

Enfin l'électrolyse est très employée, en métallurgie, pour l'affinage des métaux et pour la fabrication de l'aluminium.

Comme exemple d'affinage des métaux, voyons ce qui se passe pour le cuivre : par traitement métallurgique du minerai de cuivre on obtient du cuivre mélangé à des impuretés et coulé en plaques. On constitue l'électrode positive par une de ces plaques et l'électrode négative par une lame de cuivre pur ; le bain est du sulfate de cuivre. On fait passer le courant ; le cuivre de l'électrode positive se transporte sur l'électrode négative et les impuretés qu'il contient tombent au fond du bain.

L'aluminium est obtenu par le passage du courant électrique dans une dissolution à haute température d'alumine dans de la cryolithe (l'alumine est un oxyde d'aluminium ; la cryolithe est un fluorure double d'aluminium et de sodium).

L'UTILISATION DE L'ÉLECTRICITÉ POUR SA GRANDE PUISSANCE CALORIFIQUE

Le four électrique utilise la haute température de l'arc électrique, la plus élevée que nous sachions produire actuellement. Le four se compose d'une enceinte de charbon placée dans un bloc de pierre calcaire et à l'intérieur de laquelle jaillit un arc électrique entre deux grosses électrodes de charbon, provoquant une température qui s'élève aux environs de 3.500 à 4.000 degrés.

C'est au moyen du four électrique que l'on fabrique le carbure de calcium utilisé pour la fabrication de l'acétylène ; le carbure de calcium est l'union du

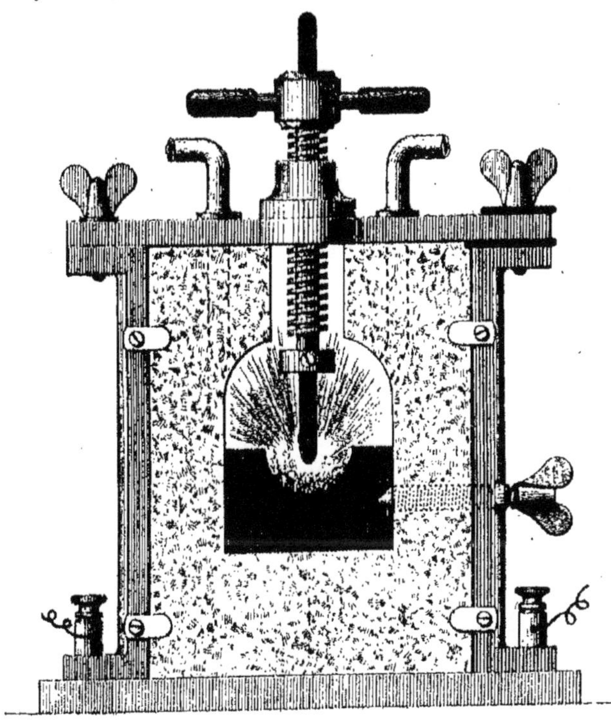

Fig. 57. — Four électrique.

charbon et de la chaux sous la haute température du four électrique.

Le carborundum provient de la combinaison du charbon et de la silice, grâce au four électrique.

Le four électrique a révolutionné la métallurgie ; on sait, en effet, que les métaux usuels sont, dans la nature, mélangés à des matières terreuses appelées gangues et qui sont des sulfures ou des oxydes. Pour avoir le métal on cherche à se débarrasser des gangues, à les détruire ; seul le four électrique est parvenu à brûler les gangues de certains métaux, et c'est ainsi que l'on a pu obtenir des métaux qui entrent dans la composition des aciers spéciaux.

Au moyen de la haute température du four électrique on a pu réaliser des réactions inconnues jusqu'à ces dernières années ; grâce à elle, par exemple, l'azote entre en combinaison avec la plus grande facilité.

Une autre application de la puissance calorifique de l'électricité est la fabrication de l'azote nitrique, grâce à des décharges électriques éclatant dans l'air et provoquant par la chaleur la combinaison de l'oxygène et de l'azote de l'air.

L'UTILISATION DE L'ÉLECTRICITÉ POUR L'ÉCLAIRAGE

L'éclairage est une des applications les plus courantes de l'électricité. L'industriel peut s'éclairer par l'électricité au moyen de lampes à incandescence ou de lampes à arc.

Les lampes à incandescence sont de deux modèles : les lampes à filament de carbone et les lampes à filament métallique. Les premières coûtent moins cher que les secondes ; mais elles consomment beaucoup plus de courant ; de plus elles donnent une lumière rougeâtre. Les lampes à filament métallique se répandent de plus en plus ; les progrès de leur fabrication permettent maintenant de leur donner la solidité nécessaire. L'installation, dans les ateliers, des fils destinés à desservir les lampes, doit être faite avec le plus grand soin pour éviter les courts-circuits provoquant des incendies. On ne doit faire usage que de fils parfaitement isolés et notamment munis d'une enveloppe de caoutchouc. Il ne faut jamais employer ni clous ni « cavaliers » pour soutenir les fils, car ces objets s'oxydent plus ou moins rapidement et le fil qu'ils soutiennent se trouve très vite attaqué. A l'intérieur des locaux et dans les endroits secs on fait usage de moulures en bois et dans les endroits humides, comme les caves, on emploie exclusivement des isolateurs en porcelaine montés eux-mêmes sur des taquets en bois paraffiné.

La traversée des cloisons, plafonds, etc., demande des précautions ; toute maçonnerie renferme de l'humidité qui est l'ennemie des installations électriques. Le trou par où passera le fil doit être muni d'un fourreau de métal débordant des deux côtés à l'extérieur en forme d'entonnoir ; chacun des fils qui doivent passer dans ce fourreau sera gainé d'un tube de caoutchouc. Lorsque, dans l'installation, on rencontrera un tuyau quelconque, on ne devra pas permettre que les fils soient en contact avec ce tuyau, ce contact serait-il aussi minime que possible ; dans ce cas, on entourera les fils d'une gaine de caoutchouc et l'on fera passer cette gaine en pont au-dessus du tuyau sans contact aucun avec lui.

Enfin des coupe-circuits sont installés à toutes les dérivations de la canalisation ; ces coupe-circuits sont destinés à couper le courant si celui-ci devient trop intense. Ce sont des fils de plomb dans lesquels passe le courant ; si celui-ci devient trop fort le fil de plomb fond et le courant ne peut plus passer. Si donc, en un point quelconque de la canalisation, il y a une détérioration qui amène un contact entre la canalisation et tout autre objet, le courant n'est plus maintenu dans cette canalisation et, par le nouveau chemin qui lui est offert, il file « à la terre » en quantité très grande ; mais alors le coupe-circuit qui précède le point où s'échappe l'électricité fond dès que s'établit cette communication malencontreuse ; et, en général, assez vite pour éviter un commencement d'incendie.

Les indications que nous venons de donner s'appliquent non seulement aux installations d'éclairage, mais aussi à toute installation électrique en général.

Les lampes à arc servent à l'éclairage des grands espaces extérieurs ou de vastes locaux intérieurs.

Ces lampes sont constituées par deux crayons de charbon aggloméré, maintenus à quelques millimètres l'un de l'autre. Quand le courant électrique passe on voit apparaître entre les deux charbons une flamme ayant la forme d'un arc ; mais cette flamme n'est pas lumineuse, la lumière est produite par l'un des deux charbons (celui que l'on a soin de placer en haut), qui se creuse en un cratère éblouissant.

Les charbons s'usent pendant le fonctionnement de la lampe, surtout celui qui forme un cratère. La distance entre les deux charbons s'augmente donc et le courant diminue ainsi que le pouvoir éclairant de la lampe ; il faut par conséquent rapprocher les deux charbons ; cela s'obtient automatiquement par ce que l'on nomme le *régulateur* dont il existe de nombreux types.

L'UTILISATION DE L'ÉLECTRICITÉ
POUR LE CHAUFFAGE

Quel que soit le fil qui serve de conducteur au courant électrique, ce fil offre une certaine résistance au passage du courant et cette résistance se manifeste par un dégagement de chaleur. Dans les conditions normales, la grosseur du fil est calculée pour laisser passer aisément le courant électrique sans qu'il y ait un dégagement de chaleur pratiquement appréciable. Mais si le fil est trop fin et s'il est constitué par une matière mauvaise conductrice de la chaleur, la résistance rencontrée par le courant électrique est très grande et il y a échauffement important ; c'est sur ce principe que sont établies les lampes à incandescence. Le même principe est la base du chauffage par l'électricité ; on fait traverser au courant électrique des fils calculés pour obtenir l'échauffement le plus grand. Dans beaucoup de trains et de tramways remorqués électriquement, on utilise le chauffage électrique pour les compartiments.

Pour les locaux d'habitation ou de travail, le chauffage électrique ne peut être envisagé, en raison de son prix élevé, sauf dans des cas tout à fait exceptionnels. L'emploi de ce mode de chauffage est limité à quelques petites applications, comme les chauffe-bouilloires, etc.

Cependant nous croyons intéressant de signaler qu'il existe un buffet de gare, en Europe, où toute la cuisine est faite au moyen de l'électricité, le chauffage de la salle du buffet étant lui-même assuré électriquement. Cette station est celle d'Eismeer sur la ligne de la Jungfrau en Suisse où la traction a lieu électriquement.

Quand nous aurons noté que, dans l'industrie, on peut encore se servir de l'électricité pour faire fonctionner sonnettes et téléphones, nous en aurons fini avec la vue d'ensemble que nous voulions donner sur les applications industrielles de l'électricité. Dans le domaine scientifique, les utilisations de l'électricité sont innombrables ; rappelons les rayons X, la télégraphie sans fil, la téléphonie sans fil, etc. ; toutes questions sortant du cadre de cet ouvrage.

Toutefois, avant de quitter l'électricité, nous attirerons l'attention du lecteur sur l'importante question de l'utilisation des forces de la mer pour produire le courant électrique. Nous aurons d'ailleurs l'occasion d'en parler au chapitre de la production de la force motrice.

CHAPITRE V

LE GAZ DE HOUILLE

Le gaz de houille est le gaz qui sert couramment à l'éclairage ; ce gaz ne s'applique pas seulement à l'éclairage, comme pourrait le faire croire le nom courant qu'on lui donne ; il est employé aussi à d'autres usages fort importants et qui en font un auxiliaire précieux de l'industrie.

FABRICATION ET COMPOSITION DU GAZ DE HOUILLE

Ce gaz est obtenu par la distillation de la houille que l'on place dans des cornues en terre installées dans des fours en briques réfractaires ; ces fours sont chauffés en général au moyen de la houille. La houille renfermée dans les cornues se décompose sous l'influence de la chaleur et elle donne d'une part un gaz impur, d'autre part du coke. Le gaz impur va être soumis à deux épurations principales : l'épuration physique et l'épuration chimique, qui lui enlèveront différents produits qu'il contient et qui nuisent à son emploi.

L'épuration physique a lieu dans une série d'appareils où, finalement, on recueille du goudron et des eaux ammoniacales.

Après les appareils d'épuration physique, le gaz passe dans les appareils d'épuration chimique où il abandonne, notamment, de l'acide carbonique et de l'acide sulfhydrique et du cyanogène.

MARCHE DE LA FABRICATION DU GAZ
Eclairage domestique.
Chauffage domestique.
Eclairage industriel.
Chauffage industriel.
Autres applications.
Compteur
Canalisations
Gazomètre
Gaz pur
Epuration chimique
Gaz encore impur
Epuration physique
Gaz impur
Distillation de la houille
Transport de la houille.
Extraction de la houille
(La Mine)
USINE À GAZ
SOUS-PRODUITS DE LA FABRICATION DU GAZ
Benzol.
Phénol.
Acide phénique.
Brai
Ammoniaque
Usine de distillation du goudron.
Usine de traitement des eaux ammoniacales.
Goudron
Eaux ammoniacales
Coke

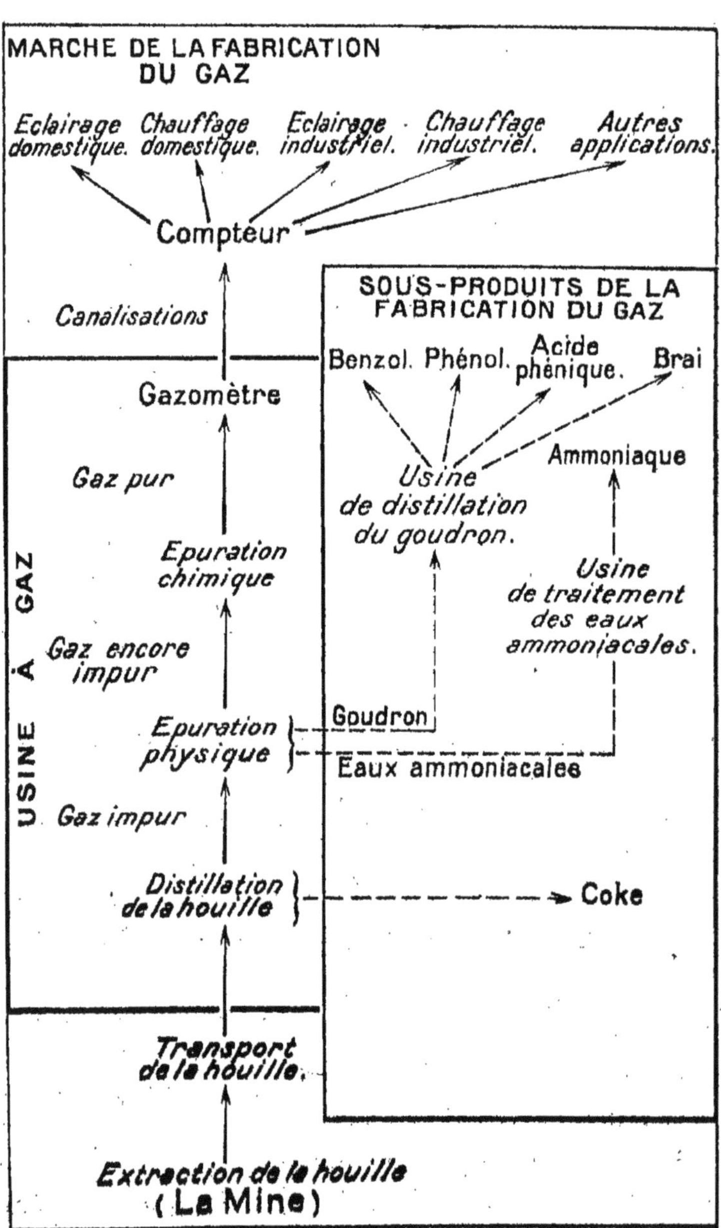

Fig. 58

De ces derniers appareils le gaz sort apte à la consommation ; il passe dans un compteur et de là dans le gazomètre.

Celui-ci est le réservoir dans lequel le gaz s'accumule pendant la fabrication ; il se compose d'une cuve remplie d'eau dans laquelle plonge une cloche ; cette cloche est constituée par des anneaux concentriques qui se rentrent les uns dans les autres. Au fur et à mesure de l'entrée du gaz dans la cloche, ces anneaux s'élèvent les uns au-dessus des autres.

Du gazomètre, le gaz part dans les canalisations de distribution en passant par un appareil spécial appelé *régulateur d'émission*, et qui a pour fonction de maintenir constante la pression du gaz.

Le gaz d'éclairage consommé par les abonnés a la composition suivante :

Hydrogène	47,67
Gaz des marais	35,75
Hydrocarbure	4,88
Oxyde de carbone	3,99
Azote	4,76
Oxygène	0,95

Comme on peut le voir par ce tableau, le gaz de houille contient des gaz inoffensifs, mais cependant absolument impropres à la respiration, et des gaz toxiques, c'est-à-dire empoisonnant rapidement l'être humain. Cela explique qu'il faut être prudent dans son emploi. De plus, s'il y a une fuite, le gaz de houille forme avec l'air un mélange détonant qui s'enflamme dès qu'on approche une lumière ; il se produit donc une explosion.

Il est utile de rappeler ici que la fabrication de ce gaz fournit des sous-produits intéressants : le coke, résidu de la fabrication ; le goudron et les eaux ammoniacales, résidus de l'épuration physique.

Le coke est un combustible connu. Le goudron est distillé dans une usine spéciale, et donne naissance à différents produits comme le benzol, le phénol, l'acide phénique. Le résidu de cette dernière fabrication est le brai.

Les eaux ammoniacales sont traitées pour en extraire l'ammoniaque.

Comme on peut s'en rendre compte, la fabrication du gaz de houille donne donc, en dehors du gaz lui-même, une foule de produits que l'on rencontre couramment dans l'industrie. Il nous a paru utile de résumer dans un tableau les différentes phases de cette fabrication, ce tableau n'étant naturellement qu'un schéma qui n'a aucune prétention d'être complet.

LES COMPTEURS A GAZ

La fourniture du gaz aux abonnés est faite par l'intermédiaire de compteurs mesurant la quantité de gaz utilisée. Le gaz est vendu au mètre cube. Les compteurs sont de deux sortes : humides ou secs. Les compteurs humides, généralement employés en France, sont basés sur la rotation d'un cylindre divisé en compartiments égaux recevant le gaz du côté de la canalisation qui l'amène et le déversant du côté de la conduite de l'abonné. On enregistre le nombre de tours du cylindre, et comme on connaît le volume de ce dernier, on sait la quantité de gaz dépensé. Le compteur est gradué en conséquence et il suffit de lire la consommation sur le cadran.

Les compteurs secs suppriment l'inconvénient de l'eau qui gèle en hiver. Ces compteurs contiennent en principe deux soufflets, chacun se vidant et se remplissant pendant que, inversement, l'autre se remplit et se vide ; ils fonctionnent comme une pompe aspirante et foulante. Un cadran donne les indications ; ces appareils ont besoin d'être souvent réglés.

Il existe une catégorie de compteurs très intéressants, ce sont les compteurs à paiement préalable : ces appareils sont répandus en Angleterre et il y en a quelques applications en France, notamment dans la banlieue de Paris. Sur le côté de ces appareils se trouve une fente dans laquelle on introduit une pièce de 0 fr. 10 qui, par son poids, soulève une soupape permettant le passage d'une quantité de gaz déterminée ; une fois cette quantité de gaz passée le mécanisme enregistreur remet la soupape en place.

LES FUITES DE GAZ

Avant de passer en revue les différents usages du gaz de houille, il est indispensable de dire quelques mots sur la question des fuites qui, en cours d'usage, peuvent se produire dans les canalisations. Des accidents se produisent souvent dans leur recherche, car l'on oublie de se conformer aux règles élémentaires de prudence ; c'est ainsi qu'il ne faut jamais chercher une fuite en promenant le long de la conduite une flamme quelconque ; un moyen assez pratique est d'appliquer un peu d'eau de savon sur la partie endommagée ; là où il y a fuite, des bulles se produisent. On peut aussi promener le long de la canalisation un papier imbibé de chlorure de palladium : ce corps noircit sous l'action du gaz ; pour les endroits peu accessibles, il faut souvent avoir recours à des appareils spéciaux reposant sur l'emploi d'une pompe qui refoule dans la canalisation de l'air ou de la vapeur.

LE GAZ DE HOUILLE EMPLOYÉ POUR L'ÉCLAIRAGE

Le gaz de houille employé pour l'éclairage est consumé dans des brûleurs à air libre ou dans des brûleurs à incandescence. Les brûleurs à air libre disparaissent de plus en plus, car, pour donner la même intensité de lumière, ils consomment environ cinq fois plus de **gaz** que les brûleurs à incandescence ; parmi eux figure le bec papillon, c'est-à-dire celui dont la flamme ressemble assez bien à un papillon aux ailes déployées. Les brûleurs à incandescence sont ceux dans lesquels la chaleur développée par la combustion du gaz porte à l'incandescence un manchon ; ce manchon consiste en une carcasse très ténue composée d'oxydes de corps spéciaux (oxyde de thorium et oxyde de cérium). Ces manchons sont droits ou renversés.

Il faut bien se pénétrer de l'idée que les brûleurs à incandescence sont réglés pour fonctionner à une pression déterminée ; si cette pression change les brûleurs ne fonctionneront plus d'une façon satisfaisante ; tels appareils marchant bien dans une ville ne donneront plus satisfaction dans une autre, parce que, dans cette dernière, la pression du gaz ne sera plus la même que dans la première. Les brûleurs à manchon renversé sont les plus sensibles aux variations de pression.

L'éclairage des grands espaces, comme les voies publiques, les cours de bâtiments industriels, les ateliers, les magasins de grandes dimensions, s'obtient avec le gaz de houille au moyen d'appareils dits

« intensifs » qui utilisent en général des manchons portés à l'incandescence et dans lesquels on a usé de dispositions techniques spéciales, comme, par exemple, de donner au gaz une pression beaucoup plus forte ; tels sont les appareils à gaz surpressé.

L'emploi du gaz a été rendu commode par la création des allumeurs à distance, c'est-à-dire des appareils qui permettent d'allumer un bec de gaz aussi facilement qu'une lampe électrique. Ces allumeurs sont basés soit sur le principe que la substance appelée « mousse de platine » placée sur un courant de gaz rougit et s'enflamme spontanément, soit sur la formation d'étincelles électriques enflammant le gaz.

LE GAZ DE HOUILLE EMPLOYÉ
POUR LE CHAUFFAGE DOMESTIQUE ET LA CUISINE

Chauffage domestique. — Au point de vue chauffage domestique, le gaz peut rendre de très utiles services pour donner rapidement « un coup de chaleur » dans une pièce. Parmi les appareils employés, les plus intéressants sont les radiateurs dans lesquels des substances réfractaires sont portées à l'incandescence par le gaz ; notons qu'il ne faut employer que des appareils ayant une évacuation des produits de la combustion par un tuyau spécial.

Nous devons signaler qu'il existe aussi des systèmes de chauffage central par le gaz. Ces systèmes sont constitués par une chaudière composée de brûleurs à gaz qui chauffent de l'eau entraînée dans une canalisation munie de radiateurs. Un tel système peut surtout être utile dans des cas particuliers, notamment quand le chauffage est intermittent, comme dans des bureaux, par exemple ; dans ces sortes de locaux on peut, pendant la nuit, éteindre sans inconvénient. Le matin, le garçon de bureau tourne simplement un robinet et, dans un temps relativement court, la température des pièces se trouve être assez élevée pour qu'on puisse y travailler ; il n'y a aucune manipulation de combustible et le garçon de bureau n'a nullement à salir ses vêtements.

Cuisine au gaz. — L'emploi du gaz dans les cuisines rend des services considérables ; il y est utilisé dans des appareils de toutes sortes. Le plus courant est le réchaud, avec ou sans rôtissoire, sur lequel on peut poser : casseroles, chauffe-fers, four à pâtisserie, gril pour faire des tartines beurrées, etc. ; il

Fig 59. — Fourneaux à fritures au gaz dans une grande installation.

existe aussi des lessiveuses à gaz, des petits fers à repasser chauffés intérieurement au gaz, des chauffe-eau pour évier ou toilette, des chauffe-bains, etc.

L'emploi du gaz pour la cuisine ne se limite pas aux maisons particulières; depuis quelques années il s'est répandu dans les grands établissements; une application tout à fait intéressante en a été faite à l'hospice des Quinze-Vingts, à Paris; nous en dirons quelques mots en raison de l'intérêt qu'une installation de ce genre peut offrir à un industriel ou à un chef d'entreprise qui a un nombreux personnel à nourrir.

La cuisine de l'hospice des Quinze-Vingts comprend :

	Débit horaire en mètres cubes
1° 1 grand fourneau central de $1^m30 \times 3^m$, composé de :	
3 fours à rôtir	15
1 four à pâtisserie	3,200
1 table chaude pour la cuisson des œufs, alimentée par douze brûleurs	5,300
3 foyers découverts à 3 brûleurs chacun	7
2 foyers découverts à 2 brûleurs chacun	2,500
1 étuve	3,100
1 grand bain-marie chauffé par les chaleurs perdues et une rangée de brûleurs	0,500
2° 2 marmites basculantes de 100 litres chacune pour la cuisson des légumes et bouillons : consommation pour les deux marmites	13
3° 1 marmite fixe de 60 litres pour la cuisson du lait	4,500
4° 1 friteuse pour 50 kilos de pommes de terre	6
5° 1 plonge, chauffée par brûleurs	3

Tous ces appareils consomment donc à l'heure 63^{m3}, 100 de gaz. Mais l'emploi du gaz dans cet hospice ne se borne pas à la cuisine seule ; pour faciliter le service, il a été prévu à chacun des trois étages de l'établissement un guichet d'office pour effectuer la distribution des plats préparés dans la cuisine. Chacun de ces offices comprend :

Débit horair
en
mètres cube

1° Une étuve et une petite laverie, le tout chauffé par brûleurs à gaz   4,500
2° Un réchaud à 3 brûleurs   1,800

soit, pour les trois offices, un débit horaire total de 19 mètres.

Enfin, les huit bureaux, occupés par les services de l'économat, étaient autrefois chauffés au charbon : le chauffage de ces pièces est maintenant assuré par des radiateurs à gaz.

L'installation de l'hospice des Quinze-Vingts est particulièrement intéressante, comme on le voit par l'importance des appareils qui y sont en service.

Il existe encore bien d'autres applications du gaz pour l'alimentation ; c'est ainsi qu'il est utilisé dans de grandes rôtisseries. Une des rôtissoires les plus employées à Paris se compose de trois grandes rampes transversales dont les flammes portent à l'incandescence des bouquets d'amiante concentrant sur les pièces à rôtir la chaleur rayonnée.

Chaque rampe est divisée en deux parties à alimentation indépendante ; ce qui permet de n'en allumer qu'une moitié.

Chaque broche peut recevoir cinq poulets ; un mouvement d'horlogerie, avec transmission à chaîne, assure la rotation des broches.

Au moyen de cet appareil, on peut rôtir quinze poulets avec une consommation de 15 mètres cubes, l'opération demandant environ quarante minutes. Ajoutons que l'on peut transformer pour mar-

FIG. 60. — Rôtissoire au gaz à 3 étages.

cher au gaz les rôtisseries fonctionnant au bois et au charbon.

APPLICATIONS INDUSTRIELLES DU GAZ

Le gaz est employé comme moyen de chauffage dans la plupart des industries alimentaires : fours pour charcutiers, appareils à cuire les jambons, chaudières pour fabricants de conserves, confituriers, confiseurs, fabricants de pâtes alimentaires, etc.

Les applications du gaz comme moyen de chauffage industriel se développent tous les jours; on le trouve appliqué, d'une part, au forgeage, à la soudure et au brasage des métaux; d'autre part, à la trempe et au recuit de ces derniers.

Le chauffage des pièces avant le travail du forgeage doit se faire à une température très précise; quand on emploie le charbon comme combustible, l'art du forgeron ne peut être exercé que par des ouvriers habiles sans lesquels on s'expose à des déchets et par suite à des pertes d'argent; on peut dire d'une manière générale que, si la chaleur nécessaire n'est pas atteinte, le métal est cassant; si elle est dépassée, le métal est brûlé.

Le coup d'œil du spécialiste est donc indispensable, car la température de la pièce à travailler ne peut être appréciée que d'après la couleur rouge sombre, rouge cerise, blanc soudant, etc., et encore cette sensation exacte de la température est-elle subordonnée aux conditions très variables de l'éclairage de l'atelier.

Avec les forges au gaz de houille, le travail devient beaucoup plus facile; la température voulue s'obtient par un simple réglage des brûleurs et le résultat de l'opération ne dépend plus exclusivement de l'habileté de l'ouvrier.

De telles forges ont l'avantage de supprimer l'emmagasinement et la manipulation du combustible; elles peuvent être allumées et éteintes instantanément; elles ne produisent ni fumée, ni cendres, ni poussières.

Pour la soudure et le brasage, les chalumeaux à gaz et à air soufflé rendent de grands services.

En ce qui concerne la trempe et le recuit, on sait

que ces opérations sont fort délicates et nécessitent pour chaque genre de travail une température
spéciale variant dans des limites très étroites et maintenue constante pendant toute la durée de l'opération.
Le gaz permet de réaliser ces conditions en l'utilisant
dans des fours spéciaux.

En dehors du chauffage industriel, le gaz trouve son

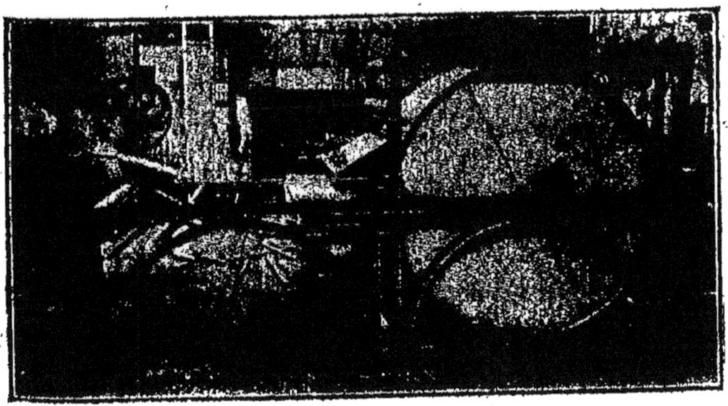

Fig. 61.
Appareil à gaz à sécher les épreuves photographiques.

application dans des cas fort variés, comme: essai des
moteurs d'automobiles où on peut l'utiliser à la place
de l'essence, appareil de séchage des photographies
dans les grandes entreprises, etc., etc.

Enfin nous aurons encore quelques indications à
donner sur le gaz de houille au chapitre de la force
motrice où nous le verrons utilisé pour le fonctionnement de moteurs.

CHAPITRE VII

L'ACÉTYLÈNE

L'emploi de l'acétylène s'est beaucoup répandu depuis quelques années, et nous en trouvons l'application dans l'industrie soit pour l'éclairage des ateliers, des bureaux, des magasins, etc., soit pour la soudure autogène.

Rappelons que l'acétylène est le résultat de l'action de l'eau sur le carbure de calcium. Ce carbure, livré en fûts métalliques étanches, doit se conserver soigneusement à l'abri de l'humidité. Le carbure de calcium n'existe pas à l'état naturel; c'est un produit fabriqué dans des usines importantes par la fusion sous l'arc électrique d'un mélange de chaux et de charbon établi dans des proportions déterminées.

ÉCLAIRAGE A L'ACÉTYLÈNE

L'industriel qui veut s'éclairer à l'acétylène se trouve en présence de deux méthodes : ou fabriquer lui-même l'acétylène qui lui est nécessaire ou recevoir cet acétylène d'une usine distribuant ce gaz dans la ville qu'il habite.

Nous examinerons d'abord le cas où l'industriel fabrique lui-même son acétylène, et nous ferons cette remarque importante que l'acétylène donne des résultats tout à fait satisfaisants, mais à condition que les appareils destinés à le fabriquer soient bien choisis et que l'installation soit bien établie.

APPAREILS DE PRODUCTION DE L'ACÉTYLÈNE

On divise les appareils de production de l'acétylène en deux catégories :

1° Les appareils à production intermittente, appelés aussi appareils non automatiques, dans lesquels le gaz est préparé à l'avance et recueilli dans un gazo-

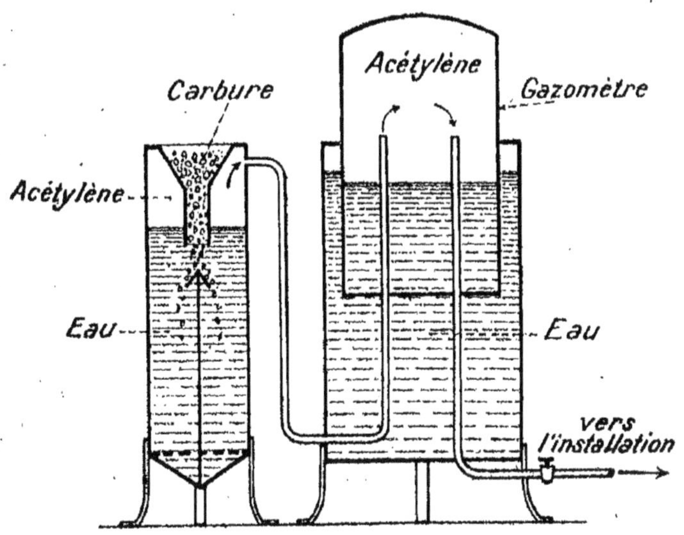

Fig. 62. — Schéma d'un appareil à acétylène non automatique.

mètre de grandeur appropriée à la consommation maximum d'une ou plusieurs soirées.

Ces appareils sont tous établis sur le principe de la chute ou de l'immersion d'une quantité déterminée de carbure dans un certain volume d'eau.

2° Les appareils automatiques qui sont de beaucoup les plus employés et dans lesquels l'acétylène est produit au fur et à mesure de la consommation.

Ces appareils sont divisés en trois groupes :

A chute d'eau, à contact et à chute de carbure
Les appareils à chute d'eau sont à gazomètre :

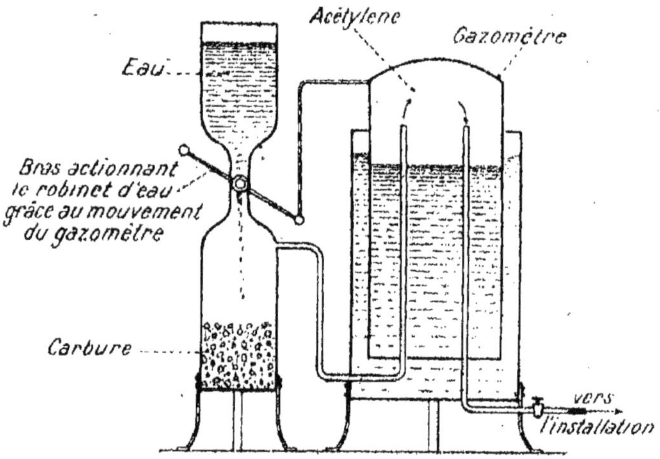

Fig. 63. — Schéma d'un appareil à acétylène
à chute d'eau.

cloche mobile, ou à gazomètre à refoulement d'eau
Le fonctionnement automatique est produit, dans l

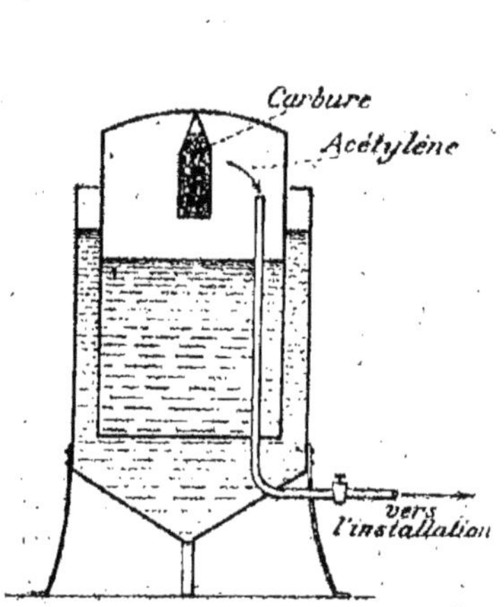

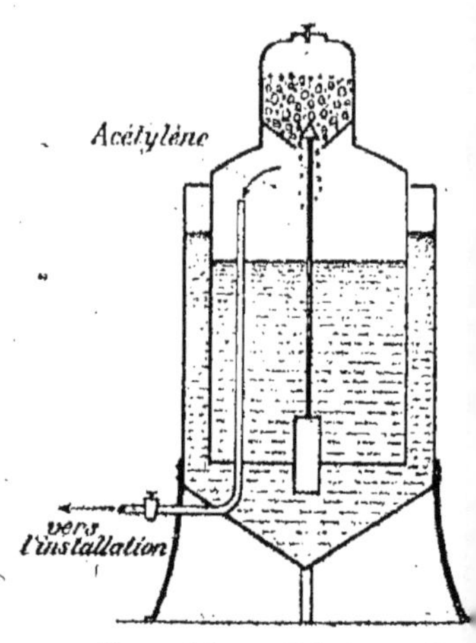

Fig. 64. — Schéma d'un
appareil à acétylène à
contact.

Fig. 65. — Schéma d'u
appareil à acétylèn
pour carbure granul

premier cas, par le mouvement de la cloche mobile,
et, dans le second, par dénivellation ou par différence

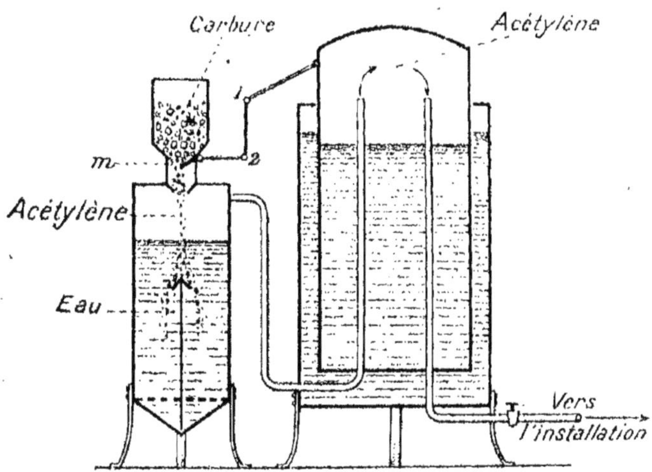

Fig. 66. — Schéma d'un appareil à acétylène
à chute de carbure.

de pression. Dans les appareils à contact, le carbure
peut être fixe et l'eau mobile ou l'eau fixe et le carbure
mobile.

Les appareils à chute de carbure dans l'eau
emploient du carbure tout-venant concassé ou gra-
nulé. Les chutes automatiques sont généralement
commandées par le mouvement de la cloche mobile.

GARANTIES À EXIGER D'UN BON APPAREIL

Chaque mode de production de l'acétylène a ses
avantages et ses inconvénients ; mais nous croyons
utiles de donner ici les garanties que l'on doit exiger ·
sur facture de la part d'un fabricant auquel on achète
un appareil.

1º *L'appareil est construit selon les règles de l'art*

avec les matériaux de nature et de qualité voulues, ainsi que de force suffisante ;

2° Sa charge normale de carbure est de   kilos, le débit horaire maximum que l'on pourra lui demander est de   litres ;

3° Jusqu'à cette force de production la température du carbure en décomposition n'atteindra pas celle où l'acétylène commence à se polymériser dans les générateurs ; c'est-à-dire qu'il n'y aura aucune formation de goudron ou benzine, ni dépôt jaune sableux sur la chaux résiduaire par l'emploi de carbure de qualité normale ;

4° La capacité du gazomètre est suffisante pour recueillir l'acétylène qui peut se dégager après l'arrêt et, dans aucun cas, il n'y aura surproduction évacuée à l'extérieur, même légère, en cours de fonctionnement ;

5° Le tuyau et le robinet de départ, ainsi que les passages du gaz dans les organes accessoires (épurateur, laveur, régulateur, etc., s'ils sont fournis avec l'appareil), ont une section suffisante pour que l'écoulement de l'acétylène se fasse normalement dans la canalisation, c'est-à-dire sans occasionner de pertes de charge même au débit maximum fixé ci-avant ;

6° La pression du gaz mesurée à sa sortie de l'appareil et quel que soit son débit, jusqu'à sa force de production maximum, est au moins égale à 12 centimètres d'eau (demander 14 ou 15 si possible) ;

7° Cette pression est pratiquement constante, les variations possibles ne dépassant pas 10 ou 12 millimètres en plus ou en moins du régime fixé à n'importe quel moment du fonctionnement de l'appareil ;

8° L'appareil peut être vidangé et rechargé sans perte appréciable de gaz. La quantité d'air introduite lors de chaque vidange et chargement sera suffisamment faible pour qu'en se mélangeant d'elle-même à la plus petite quantité d'acétylène que peut contenir le gazomètre, elle n'ait aucun effet sur le pouvoir éclairant et particulièrement sur le fonctionnement des becs à incandescence ;

9° A charge par l'acheteur d'entretenir l'appareil en bon état de conservation, conformément aux règles admises, son bon fonctionnement est garanti pour une période de dix ans.

Telles sont les conditions exigibles pour l'achat d'un appareil à acétylène.

Emplacement de l'appareil. — Quant à l'emplacement à donner à un appareil fabriquant l'acétylène, le mieux est de choisir un local-abri à l'extérieur des habitations (cour ou jardin), soit à distance, soit adossé contre un mur et, dans tous les cas, tel que les manipulations puissent se faire sans le secours d'une lumière artificielle, c'est-à-dire un endroit suffisamment éclairé par la lumière du jour. De plus, l'emplacement doit être bien aéré.

Epuration de l'acétylène. —Dans toute installation d'acétylène bien organisée on doit prévoir l'épuration de ce gaz. On peut plus ou moins le débarrasser de ses impuretés par le lavage et le filtrage ; mais la seule épuration parfaite, celle qui doit être employée même là où il y a des laveurs et des filtreurs, c'est l'épuration chimique. Les matières les plus employées pour cette épuration chimique sont le catalysol et l'hératol.

Appareils d'éclairage. — En principe, les appareils d'éclairage à l'acétylène sont les mêmes que ceux dont on se sert pour le gaz de houille : genouillère, bras, lyres, suspensions, lustres ; toutefois, il importe de noter que, l'acétylène étant distribué sous une pression supérieure à celle du gaz de ville, il est nécessaire d'employer des appareils d'éclairage spécialement fabriqués pour cet usage, c'est-à-dire dont les robinets et joints divers auront été particulièrement soignés et vérifiés.

L'acétylène peut être utilisé dans des becs, soit à flamme libre, soit à incandescence, ces derniers ne pouvant convenir qu'aux installations très bien faites, dans lesquelles la pression est régulière et le gaz parfaitement épuré.

Enfin, nous signalerons que l'installation de l'éclairage par l'acétylène dans des locaux de commerce ou d'industrie tels que magasins, ateliers, bureaux, etc., dans des appartements où travaillent des ouvriers ou ouvrières, etc., est soumise à l'autorisation préfectorale.

Distribution de l'acétylène par usine centrale. — Lorsque l'industriel se trouve dans une ville desservie par une usine d'acétylène, les choses se simplifient pour lui puisqu'il n'a plus qu'à se brancher sur la canalisation de la ville comme pour le gaz de houille ; l'acétylène lui est fourni par l'intermédiaire d'un compteur et lui est facturé à environ 2 à 3 francs le mètre cube. Il y a en France plus de 250 villes possédant ainsi une usine centrale de distribution de l'acétylène. Ces villes s'éclairent elles-mêmes au moyen de candélabres. L'exploitation de l'usine est en général faite par la commune.

Office central de l'acétylène. — Nous terminerons ces indications sur l'éclairage par l'acétylène en signalant l'existence à Paris de l'Office central de l'acétylène, 104, boulevard de Clichy, qui donne gratuitement à tous ceux qui le désirent les renseignements les plus complets sur tout ce qui concerne les applications ds l'acétylène ; on peut s'adresser à lui chaque fois que l'on est embarrassé pour la réalisation ou l'entretien d'une installation, pour le choix des appareils, etc., en un mot pour un conseil quelconque ; cet office n'a aucun caractère commercial; il a été créé uniquement pour renseigner sur l'industrie de l'acétylène tous ceux que la question intéresse à un degré quelconque.

APPLICATION DE L'ACÉTYLÈNE A LA SOUDURE AUTOGÈNE

L'acétylène brûlant avec une quantité à peu près égale d'oxygène, dans des chalumeaux appropriés, fournit une flamme d'une température extrêmement élevée, susceptible de fondre tous les métaux et par conséquent de les assembler par voie de soudure. La soudure autogène oxy-acétylénique s'est très répandue depuis quelques années, soit pour la construction, soit pour la réparation des pièces métalliques de toutes formes et de toutes grandeurs. L'acétylène, provenant d'une canalisation quelconque qui fournit le gaz sous pression régulière, est amené au chalumeau par un tuyau en caoutchouc, après avoir traversé une soupape hydraulique de sûreté, tandis qu'une autre prise est réservée à la canalisation de l'oxygène provenant d'un tube dans lequel ce gaz est emmagasiné sous pression. Pour les postes transportables, on emploie généralement l'acétylène dissous, tandis que, dans les ateliers, on peut faire usage des appareils à acétylène ordinaires.

L'acétylène se dissout dans de l'acétone. La solubilité augmente beaucoup avec la pression; si la pression est de 10 atmosphères, on arrive pratiquement à emmagasiner 100 litres d'acétylène par litre de capacité du récipient qui contient le liquide, ce dernier étant lui-même emprisonné dans une matière poreuse qu'il imbibe.

L'acétylène dissous est enfermé dans des tubes cylindriques de diverses capacités de 1 à 30 litres c'est-à-dire susceptibles de fournir de 100 à 3.000 litres d'acétylène gazeux.

Signalons, en terminant ce qui a trait à l'acétylène, que ce gaz peut être utilisé pour le chauffage industriel ou domestique.

CHAPITRE VIII

LA PRODUCTION DE LA FORCE MOTRICE

La question de la production de la force motrice a, pour l'industriel, une importance capitale.

La force motrice peut être produite par les procédés suivants : machine à vapeur, moteurs à explosion se subdivisant en moteurs à gaz et moteurs à air carburé, moteurs électriques, moteurs hydrauliques, moteurs à air comprimé, moulins à vent.

Nous aurons aussi quelques mots à dire, à titre documentaire, sur les moyens de production de force motrice qui ne sont encore qu'à l'état d'essai : utilisation de la chaleur solaire, utilisation des forces des vagues de la mer et du mouvement de la marée.

MACHINES A VAPEUR

Le principe de la machine à vapeur est le suivant : quand on chauffe de l'eau dans une marmite fermée, et que le feu est suffisant, on voit, à un moment donné, de la vapeur se dégager à la surface de l'eau, et si l'on a à ce moment la précaution de placer un couvercle sur la marmite, on le voit se soulever, étant poussé par la vapeur qui cherche à s'échapper. C'est ce phénomène qui se produit en plus grand dans toute machine à vapeur.

Supposons, en effet, que nous remplacions le couvercle de la marmite par un disque circulaire qui puisse entrer dans la marmite et se mouvoir de haut en bas dans cette dernière, à laquelle on aura donné la forme d'un cylindre. Lorsque la vapeur se produit, le disque monte ; rien n'empêche de réunir ce disque par une tringle à un mécanisme quelconque ; et alors

Fig. 67. — Machine à double effet de Watt datant de 1773.

au moment où le disque monte, il pousse cette tringle qui actionne le mécanisme en question et l'on a ainsi, grâce à la vapeur, produit un travail réel. Par suite d'une combinaison, on peut s'arranger pour que le disque revienne à sa première position en redescendant dans la marmite et recommence ensuite à remonter en actionnant à nouveau la tringle qu'on lui a définitivement fixée.

Dans la machine à vapeur, la marmite se dédouble en : 1° la chaudière productrice de vapeur ; 2° le cylindre dans lequel on fait agir la vapeur sur le disque appelé « piston ». On classe les organes d'une machine à vapeur en deux sections : *a* la chaudière, et *b* les organes moteurs.

a) *La chaudière.* — Il existe des modèles nombreux de chaudières à vapeur ; on peut les ramener à quelques types : les chaudières composées seulement d'un corps cylindrique, c'est-à-dire où l'eau est chauffée dans une capacité formée d'un grand cylindre ; ce type n'est plus guère employé; les chaudières à deux corps cylindriques superposés, réunis entre eux; les chaudières à corps cylindrique et à bouilleurs ; ces derniers sont des organes cylindriques placés sous le grand cylindre et parallèlement à lui ; les gaz chauds du foyer viennent passer sur ces bouilleurs remplis d'eau, puis sur le cylindre principal qui est réuni aux bouilleurs par des conduits. Les chaudières tubulaires dans lesquelles le cylindre contenant l'eau est traversé par des tubes parcourus par les gaz chauds venant du foyer. Les chaudières à tubes d'eau où l'eau est contenue dans des serpentins chauffés par le foyer. On combine d'ailleurs ces différents types de chaudières entre eux pour donner d'autres types.

Quel que soit le modèle employé, la chaudière possède des organes accessoires extrêmement importants pour celui qui l'utilise.

On sait que l'eau chauffée dans un récipient fermé acquiert une pression de plus en plus forte, jusqu'au moment où celle-ci devient assez grande pour faire éclater les parois. Il faut donc que, sur une chaudière, soient fixés des appareils renseignant à tout instant le mécanicien sur la pression qu'exerce la vapeur à l'intérieur de cette chaudière. Puis, comme il est nécessaire de tout prévoir, il faut songer que le mécanicien peut oublier de regarder les appareils en question : on doit alors également installer sur la chaudière des appareils fonctionnant automatiquement et laissant échapper la vapeur quand la pression devient trop forte.

A quel moment cette pression est-elle à redouter ? Cela dépend de la chaudière ; celle-ci a été construite pour produire une certaine pression de vapeur ; avant d'être mise en service, elle a été essayée avec le plus grand soin ; on l'a soumise à une pression supérieure à la pression maximum qu'elle aura jamais à supporter. Cette pression d'essai s'obtient non pas au moyen de la vapeur, mais de l'eau refoulée dans la chaudière par une presse hydraulique. Cet essai a lieu en présence d'un ingénieur des Mines qui poinçonne sur la chaudière, une fois les expériences terminées, le chiffre de la plus grande pression effective qu'on ne devra jamais dépasser.

Ce chiffre se nomme le « timbre ». C'est quand la pression atteindra dans la chaudière la valeur du timbre que devront fonctionner les appareils chargés de laisser échapper automatiquement la vapeur.

Ajoutons d'ailleurs qu'une chaudière doit de nouveau être essayée, chaque fois qu'elle aura subi une réparation ou qu'elle aura atteint dix ans de service.

Les appareils qui sont destinés à donner au mécanicien la valeur de la pression dans la chaudière sont les *manomètres*.

Un manomètre est un tube creux courbé et élastique ; il est fixé sur la chaudière et communique avec l'intérieur de cette dernière. Cependant, on ne laisse pas arriver la vapeur elle-même dans ce tube, car elle risquerait de détériorer l'appareil ou tout au moins de fausser ses indications. Le tube de communication du manomètre avec la chaudière est rempli d'eau ; cette eau est poussée par la vapeur et il est clair que plus la vapeur a une pression forte, plus elle pousse fortement cette eau dans le tube. Pour une même

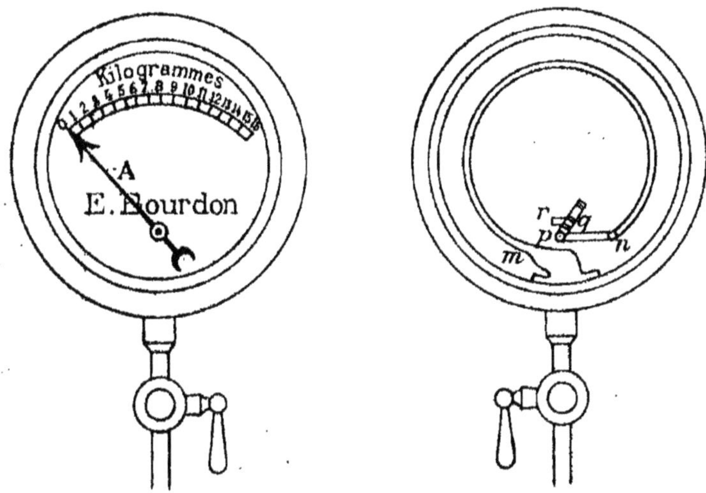

Fig. 68. — Schéma d'un manomètre Bourdon. A gauche, vue de face ; à droite, vue d'arrière. Le tube m, n, sous l'influence de la pression, tend à se dérouler et, dans ce mouvement, il entraîne le système p, q, r, qui fait tourner l'aiguille A.

pression, elle pousse l'eau avec la même force. Or, sous l'action de cette poussée, le tube qui est courbé se détend. Une de ses extrémités étant fixe, l'autre seule se déplace, et dans ce mouvement elle entraîne une aiguille qui se meut sur un cadran. On gradue les manomètres en les comparant avec un manomètre étalon, c'est-à-dire avec un manomètre particulièrement soigné comme construction et maintenu toujours en très bon état.

La graduation donne en kilogrammes par centimètre carré la pression effective de la vapeur. Sur cette graduation une marque très apparente indique le chiffre du timbre.

Les soupapes de sûreté sont les appareils qui laissent automatiquement échapper la vapeur, lorsque la pression atteint le timbre. Le principe d'une soupape réduite à sa plus simple expression est un trou percé dans la chaudière, trou qui fait communiquer l'intérieur de celle-ci avec l'air extérieur. Sur ce trou, on place un poids d'une certaine importance qui le ferme ; lorsque la pression dans la chaudière devient suffisante pour soulever le poids, l'orifice se trouve démasqué et la vapeur s'enfuit. Bien entendu, la soupape usuelle est un peu plus compliquée que celle très schématique que nous venons de décrire. Il existe différents systèmes de soupapes de sûreté.

On réalise aujourd'hui des types de soupapes qui ne peuvent être « calées », c'est-à-dire que le mécanicien ne peut en empêcher le fonctionnement pour augmenter la pression dans la chaudière.

Il est presque inutile d'ajouter que les soupapes d'une chaudière doivent toujours être en excellent état de fonctionnement ; la présence de soupapes qui ne fonctionneraient pas ou qui fonctionneraient mal ferait courir un très grave danger, non seulement au personnel de la chaufferie, mais aussi à tout ce qui l'entoure. Nous ajouterons que le personnel chargé d'une chaudière a toujours soin, par une conduite habile de la machine, d'éviter les pertes de vapeur qui pourraient provenir des soupapes ; ces pertes de vapeur entraînent en effet une augmentation correspondante de charbon dépensé.

S'il faut absolument éviter de laisser monter la pression de la vapeur dans la chaudière au-dessus du timbre, il est tout aussi indispensable d'y maintenir toujours une quantité d'eau suffisante pour que certaines parties métalliques ne se trouvent pas en contact avec le feu sans être baignées sur l'une de leurs faces par l'eau, ce qui provoquerait un accident et même une explosion ; c'est encore là une question de sécurité. Il faut donc que le mécanicien ait la possibilité de vérifier, chaque fois qu'il le voudra, le niveau de l'eau dans la chaudière et que, de plus, s'il oublie de faire cette vérification, un appareil automatique empêche un accident de se produire si l'eau a trop baissé.

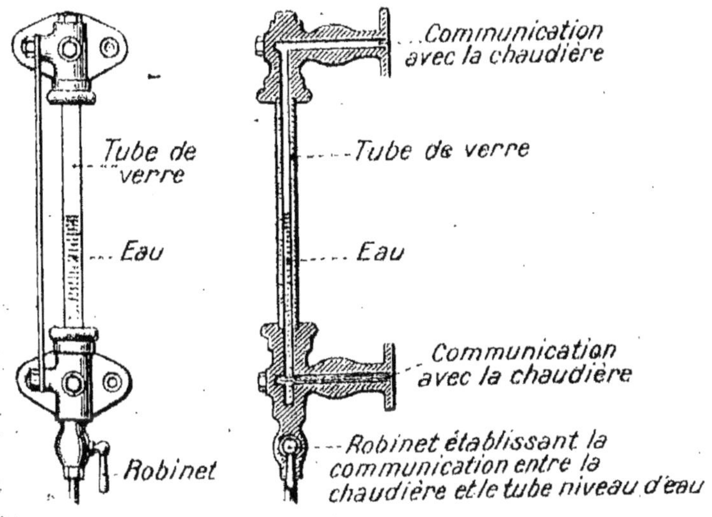

Fig. 69. — Schéma d'un niveau d'eau.

Le niveau de l'eau dans la chaudière est indiqué au mécanicien par différents appareils : les tubes de niveau d'eau, les robinets de jauge, les indicateurs à flotteur.

Le niveau d'eau laisse voir l'eau elle-même ; c'est

un tube de verre placé verticalement et qui communique avec la chaudière ; en vertu du principe de physique dit des « vases communicants », l'eau arrive à la même hauteur dans le tube que dans la chaudière. Le niveau d'eau est muni à sa partie inférieure d'un robinet de purge que le mécanicien doit avoir soin d'ouvrir fréquemment afin d'éviter toute obstruction. Les pressions élevées que l'on atteint dans certaines chaudières entraînent assez souvent des ruptures de niveau d'eau. On a tenté de créer des appareils qui ferment automatiquement la communication entre la chaudière et le niveau d'eau quand ce dernier éclate. Mais ces appareils sont trop délicats ; on préfère munir le niveau d'eau d'un protecteur qui garantit le personnel contre tout jet de vapeur lorsqu'il y a rupture. Ces protecteurs se composent, par exemple, de deux fortes glaces prises dans une monture métallique.

Les robinets de jauge sont de petits robinets placés sur la paroi de la chaudière à une certaine hauteur. Lorsque le niveau d'eau se trouve hors de service, le mécanicien peut faire fonctionner ces robinets et s'ils laissent échapper de l'eau, une fois ouverts, c'est que l'eau atteint au moins leur hauteur dans la chaudière ; cette hauteur est celle au-dessous de laquelle l'eau ne peut descendre sans danger.

Les indicateurs à flotteur consistent en un élément flottant à la surface de l'eau et dont le mouvement de montée ou de descente se transmet visiblement à l'extérieur.

Les bouchons fusibles sont des systèmes automatiques placés sur certaines chaudières et qui appellent l'attention du personnel dans le cas où celui-ci laisserait, malgré les appareils que nous venons de décrire, l'eau descendre au-dessous d'un certain niveau. Les bouchons fusibles sont en plomb ; on les place au-dessus du foyer. Quand celui-ci n'est plus recouvert d'eau, c'est-à-dire quand il y a danger, les bouchons n'étant plus refroidis par l'eau fondent et ouvrent par conséquent un orifice dans la chaudière. Celle-ci n'est plus alors un espace clos, la vapeur s'échappe, la pression descend immédiatement et la machine s'arrête.

Les sifflets d'alarme sont destinés à avertir le chauffeur que le niveau atteint une limite dangereuse et qu'il doit mettre de l'eau dans la chaudière. Ces sifflets sont, par exemple, alimentés par un flotteur ; le bruit est produit par le jet de la vapeur sur une cloche de bronze.

b) *Les organes moteurs.* — Les organes moteurs se divisent en deux grandes classes :

A. les organes moteurs proprement dits, et B. les organes de distribution.

A. Les organes moteurs proprement dits comprennent les cylindres, les pistons, les bielles, les manivelles.

La vapeur formée se rend dans les cylindres où elle agit alternativement sur chacune des faces du piston contenu dans chacun d'eux. Le piston dans ce mouvement entraîne une tige qui sort du cylindre ; l'extrémité de la tige opposée au piston s'emmanche sur une pièce appelée crosse du piston, sur laquelle vient aussi se fixer une des deux extrémités de la bielle. La seconde extrémité de la bielle est fixée sur une manivelle placée sur un arbre qu'elle fait tourner.

B. Les organes de distribution sont les tiroirs, les excentriques, et les différents leviers ou barres qui les actionnent.

L'entrée de la vapeur dans le cylindre renfermant le

piston est commandée par un organe appelé tiroir. La vapeur venant de la chaudière traverse ce tiroir qui est animé d'un mouvement de va-et-vient. Ce mouvement lui est communiqué par le piston grâce à l'excentrique lui-même.

Les machines à vapeur fixes sont munies d'un organe important nommé le volant. C'est une roue fort lourde qui tourne avec une grande vitesse ; elle permet de franchir le point mort, c'est-à-dire le point où la tige du piston est dans le prolongement exact de la manivelle ; à ce moment la tige en poussant la manivelle ne peut la faire tourner ; le volant permet de franchir cet instant.

La machine à vapeur porte un régulateur qui maintient constante la vitesse de la machine en réglant automatiquement l'arrivée de la vapeur dans le cylindre. Une machine ne développant qu'une force donnée, si l'on augmente la charge qu'elle supporte elle tend à s'arrêter ; et, au contraire, si l'on diminue sa charge elle tourne de plus en plus vite, elle tend à « s'emballer ». On évite l'arrêt en donnant plus de vapeur et l'emballement en donnant moins de vapeur. Les régulateurs sont basés sur l'action de la force centrifuge ; leur principe est le suivant : une tige est actionnée par la machine à vapeur ; elle tourne en entraînant deux boules qui s'écartent l'une de l'autre d'autant plus que la vitesse de la tige est plus grande et d'autant moins que la vitesse est moins grande ; dès lors on comprend qu'il est facile d'utiliser ce mouvement des boules pour diminuer, dans le premier cas, et augmenter dans le second la quantité de vapeur envoyée dans le cylindre, en faisant actionner par ce mouvement des leviers qui agissent sur les organes de distribution.

En plus des organes que nous venons de voir, certaines machines à vapeur possèdent un condenseur où est envoyée la vapeur utilisée dans le cylindre.

Les combustibles. — Quelques indications pratiques sur les combustibles employés dans ce genre d'appareils ne seront pas inutiles. Ces combustibles dépendent du pays habité; ils sont donc très divers : ce sont les différentes variétés de houille, y compris l'anthracite et le lignite ; les briquettes, le coke, les goudrons; la tourbe et le bois; il y a même des chaudières à vapeur chauffées au moyen du pétrole et de ses résidus.

On éprouve souvent de grandes difficultés à trouver un combustible convenant parfaitement au service de la chaudière, à moins de le payer fort cher ; dans ce cas, on peut prendre des houilles de qualités diverses, les mélanger et obtenir un combustible convenable et de prix modéré.

Houille. — Les principaux éléments de la houille sont le carbone, les matières volatiles et les cendres. On classe les houilles surtout d'après la quantité de matières gazeuses qu'elles renferment. En partant de la plus petite quantité de matières gazeuses pour aller jusqu'à la plus grande, nous trouvons : l'anthracite (très peu de matières volatiles), les houilles maigres (7 à 10 grammes de matières gazeuses), les houilles demi-grasses (10 à 15 grammes), les houilles grasses (15 à 20 grammes). Chacune des sortes de houille brûle d'une façon qui lui est propre. Quant au pouvoir calorifique de ces houilles, il varie de l'une à l'autre ; mais la quantité de chaleur que peut donner 1 kilogramme de houille complètement débarrassée de cendres et d'humidité est en moyenne de 9.000 calories, cette quantité variant de 8.000 à 9.600 calories, suivant les espèces.

Les mines vendent leurs houilles en les classant suivant leur grosseur ; elles les font, à cet effet, passer sur des cribles à mailles différentes. Les grosses houilles ont l'avantage de brûler facilement sur les grilles parce qu'elles laissent, entre leurs morceaux, un passage facile à l'air nécessaire à la combustion. Les houilles en gros morceaux furent pendant longtemps les seules employées ; les « menus » ou particules de houille plus petites étaient inutilisés. On emploie maintenant les houilles « tout venant » qui sont un mélange des morceaux de toute grosseur dont on a retiré les morceaux les plus gros et les plus petits. Ces tout venant peuvent être brûlés sur les grilles de chaudière; ces dernières doivent simplement être assez étendues pour permettre d'étaler le combustible en couches assez peu épaisses pour qu'elles puissent être traversées par l'air nécessaire à la combustion.

Lignite. — Le lignite est un combustible minéral provenant de couches plus récentes que les véritables terrains houillers ; il renferme beaucoup d'eau ; il donne en brûlant une fumée abondante, d'odeur très désagréable.

Briquettes. — Les briquettes sont constituées par de menus morceaux de houille qu'on agglomère à l'aide d'une sorte de pâte appelée *brai* qui provient de la distillation du goudron de houille.

La briquette contient peu de cendres ; le brai est un combustible riche en carbone ; les briquettes sont des combustibles aussi bons que la grosse houille de bonne qualité ; elles ont l'avantage d'être faciles à emmagasiner et à manutentionner.

Coke — Le coke est le produit de la distillation de la houille ; cette distillation enlève à la houille des carbures d'hydrogène qui auraient pu produire une grande quantité de chaleur; par contre, le coke conserve toute la cendre de la houille; par suite du départ des carbures, 1 kilogramme de coke contient plus de cendres que 1 kilogramme de la houille employée à sa fabrication.

Tourbe. — La tourbe est un produit de l'altération des végétaux, en formation à l'heure actuelle ; elle contient une grande quantité d'eau (ce qui nécessite son séchage avant d'être employée), du carbone et des cendres.

Bois. — Le bois, utilisé dans certains pays riches en forêts, est brûlé sur des grilles appropriées ; les bois contiennent une grande quantité d'eau, environ le quart de leur poids total. Le pouvoir calorifique des bois contenant environ un quart d'eau est de 3.000 calories environ par kilogramme.

Pétrole. — Le pétrole est, comme chacun sait, un liquide naturel dont les gisements les plus connus sont ceux de Pensylvanie et du Caucase. Quand on soumet le pétrole à la distillation, on obtient des essences très inflammables, des huiles d'éclairage, des huiles de graissage et un résidu qui est une huile lourde. Cette dernière huile est un très bon combustible, dont 20 kilogrammes donnent autant de calories que 30 kilogrammes de bonne houille. En France, où le pétrole coûte cher, on ne fait pas usage de ce combustible pour le chauffage des chaudières ; mais aux Etats-Unis on le trouve très employé, notamment dans les locomotives. Le pétrole est dans ce cas brûlé dans un foyer où il pénètre sous forme d'un jet pulvérisé ; ce jet est produit par un injecteur dans lequel arrive de la vapeur et aussi l'air nécessaire à la combustion. Habituellement, on maintient l'emploi de la grille ordinaire qui est dans ce cas recouverte d'une certaine quantité de combustible nécessaire pour enflammer le pétrole. Dans d'autres cas, le foyer est constitué par des briques réfractaires qui portées au rouge rallument le pétrole après les extinctions ; à la mise en marche, un feu de combustible solide échauffe les briques. On voit qu'en somme, dans ces systèmes, un feu de combustible solide est toujours nécessaire.

La consommation en charbon des machines à vapeur peut être estimée en moyenne à 1 kilogramme de charbon par heure pour une puissance d'un cheval-vapeur.

Quant à la qualité des eaux employées, nous en avons dit un mot au chapitre de l'eau dans l'industrie; nous n'y reviendrons donc pas.

Puissance d'une machine à vapeur. — Rappelons que le cheval-vapeur représente un travail de 75 kilogrammètres effectué en une seconde. C'est donc le travail nécessaire pour élever 75 kilogrammes à 1 mètre en une seconde ; la puissance d'une machine à vapeur ou d'un moteur s'exprime ainsi en chevaux par seconde.

Dans l'estimation de la puissance d'une machine à vapeur, il ne faut pas perdre de vue certaines considérations essentielles : si nous prenons comme exemple la locomotive, nous devons envisager trois sortes de puissance : 1º la puissance « indiquée » ; c'est la puissance aux pistons des cylindres ; 2º la puissance

« effective » ; une partie de la puissance indiquée se perdant dans la résistance des mécanismes, la puissance réellement obtenue à la jante des roues motrices est moindre que la puissance indiquée ; on la nomme la puissance effective ; 3º la puissance « utile » est la puissance pratique de la locomotive ; c'est la puissance vraiment retirée de la machine pour être employée à la traction du train.

La puissance effective est à peu près les 88 % de la puissance indiquée ; cette proportion est ce que l'on nomme le rendement organique de la locomotive. Quant à son rendement réel, en partant du charbon brûlé sur la grille pour arriver à la puissance utile exercée au crochet d'attelage, il est relativement bas, comme dans toutes les machines du même genre ; il atteint à peine 30 %.

Turbine à vapeur. — Dans les lignes qui précèdent nous avons envisagé l'emploi de la vapeur utilisée dans un cylindre où elle actionne un piston; mais il existe aussi des appareils dans lesquels cette vapeur est employée à faire tourner une turbine. Les turbines à vapeur tournent à des vitesses vertigineuses et elles sont notamment appliquées à la fabrication du courant électrique. A titre d'exemple nous donnerons quelques chiffres relatifs à une turbine en service à Saint-Denis, dans l'usine de la Société d'électricité de Paris ; cette turbine a une force de 25.000 chevaux-vapeur ; la partie tournante a un poids de 38 tonnes ; la partie inférieure du cylindre pèse 41 tonnes ; le transport de ces pièces a nécessité 32 chevaux pour la partie tournante et 35 pour la partie inférieure du cylindre.

Les perfectionnements apportés à cette turbine

ont été tels qu'on a pu réduire son encombrement de telle façon qu'elle occupe l'emplacement qui était réservé précédemment à une turbine de 10.000 chevaux-vapeur.

Les dimensions de cet appareil sont les suivantes :
Longueur totale : 13 m. 600.
Largeur : 3 m. 40.
Le groupe complet a un poids de 300 tonnes, la turbine seule pèse 140 tonnes.

LES MOTEURS A EXPLOSION

Les moteurs à explosion sont ceux dans lesquels le mouvement du piston est obtenu par l'inflammation brusque d'une substance explosive.

Cette substance explosive est constituée soit par un gaz mélangé à de l'air, dans les moteurs à gaz, soit par de l'air carburé, dans les moteurs à essence, à pétrole, à alcool.

Moteur à explosion à gaz.—Un moteur à explosion à gaz se compose essentiellement d'un cylindre dans lequel se meut un piston ; entre le piston et le fond du cylindre on introduit le mélange explosif ; on l'enflamme; l'explosion projette à l'autre bout du cylindre le piston qui, pendant son déplacement, transmet son mouvement à différents organes qui produisent le travail; arrivé à l'extrémité du cylindre, le piston revient en arrière à sa première position grâce au volant. Le piston a donc un mouvement de va-et-vient, qui se transforme en mouvement de rotation par l'intermédiaire de la bielle fixée sur le piston par l'une de ses extrémités et agissant par l'autre sur la manivelle de l'arbre moteur. Le cylindre est muni d'orifices qui lui amènent le mélange gazeux et lui enlèvent les gaz brûlés pendant l'explosion. Il contient en outre les organes d'inflammation du mélange gazeux. Le cylindre et le piston s'échauffent tellement au cours des explosions que l'on a dû prévoir un système de refroidissement. L'ensemble est complété par un régulateur qui empêche le moteur de s'emballer, et par des organes de graissage.

Toutes les pièces du moteur tiennent réunies grâce au bâti.

Dans les moteurs à explosion, il n'y a pas de manivelle à proprement parler, et c'est l'arbre lui-même qui est coudé pour constituer une manivelle ; la forme de cet arbre lui a fait donner le nom de vilebrequin. En réalité les moteurs à gaz portent, en général, deux arbres : l'arbre principal, et l'arbre de distribution. L'arbre principal c'est le vilebrequin ; il porte le volant qui donne la régularité à la marche du moteur et permet de franchir les points morts, comme nous l'avons vu pour le volant de la machine à vapeur. L'arbre de distribution, de diamètre plus petit, est actionné par l'arbre principal grâce à des engrenages ; l'arbre de distribution porte les cames et excentriques qui commandent la manœuvre des soupapes de distribution.

Le refroidissement du cylindre et du piston a lieu au moyen d'une circulation d'eau froide autour du cylindre et à l'intérieur du piston ; lorsqu'on ne veut pas gaspiller l'eau on utilise toujours la même ; elle circule dans une canalisation fermée comportant un réservoir. La circulation a lieu grâce aux différences de densité qui s'établissent au contact des parois chaudes.

La distribution est assurée par deux soupapes permettant, l'une l'admission du mélange gazeux dans le cylindre, l'autre l'échappement des gaz brûlés. Le mélange gazeux se fait de la façon suivante : l'air arrive de son côté dans une cavité précédant la soupape d'admission ; une valve permet de régler son introduction ; le gaz vient de la canalisation principale par l'intermédiaire d'une soupape, dite soupape à gaz, et arrive ainsi dans la cavité en question, appelée chambre de mélange. Mais on peut aussi employer une soupape de mélange réglant automatiquement l'entrée simultanée de l'air et du gaz dans une chambre de mélange précédant la soupape d'admission. La soupape d'échappement des gaz communique avec le tuyau d'échappement ; elle se soulève au-dessus de son siège, comme la soupape d'admission, vers l'intérieur du cylindre.

L'allumage. — L'inflammation du mélange gazeux dans le cylindre peut se faire de trois façons : par transport de flamme, par tube incandescent, par étincelle électrique.

L'allumage par transport de flamme consiste à déplacer une petite capacité qui passe devant une canalisation où elle prend du gaz, puis devant une flamme où ce dernier s'allume, et enfin devant un orifice par où le gaz enflammé communique avec le mélange gazeux du cylindre ; ce dispositif n'est plus guère en usage.

L'allumage par tube incandescent est assuré au moyen d'une sorte de renflement du cylindre dont la partie extrême est portée à l'incandescence par un brûleur ; les gaz en arrivant au fond de ce tube s'enflamment et ils n'explosent pas trop tôt parce que les gaz brûlés dans la dernière explosion les empêchent d'arriver trop vite.

L'allumage par étincelles électriques est assuré : 1º par piles ou accumulateurs ; 2º par magnétos.

Les piles et accumulateurs fournissent un courant électrique d'une tension trop faible pour donner une étincelle électrique ; on fait donc passer ce courant dans la bobine de Ruhmkorff bien connue, dont la fonction est d'augmenter la tension du courant. Dans le premier fil de la bobine on fait passer le courant électrique des piles ou des accumulateurs et on interrompt automatiquement ce courant au moyen d'un appareil dit « interrupteur » ou « rupteur » actionné par le moteur ; à chaque interruption, il se produit entre les deux extrémités du second fil une étincelle. Ces extrémités sont disposées dans un organe appelé bougie d'allumage, allumeur, ou inflammateur.

Une magnéto se compose d'un noyau de fer doux nommé « induit » sur lequel est enroulé un fil conducteur ; on donne à cet induit un mouvement de rotation entre les branches d'aimants permanents fixes ; ce mouvement de rotation donne naissance à un courant dans le fil enroulé autour de l'induit, quand le circuit est fermé. Si l'on écarte les deux extrémités du fil, il se produit une étincelle de rupture. L'induit est actionné par l'arbre du moteur et le fil se prolonge dans le cylindre par deux pièces métalliques entre lesquelles jaillira l'étincelle.

Quel que soit le système d'allumage employé, la commande de l'allumeur comporte un certain réglage ; dans le fonctionnement normal du moteur l'allumage doit, en effet, être déterminé un peu avant que le piston soit à l'extrémité de sa course ; le temps que l'étincelle et l'explosion se produisent le piston sera arrivé à cette extrémité. C'est ce que l'on nomme l'avance à l'allumage.

Régulation. — La régulation permet de rendre variable la quantité d'énergie développée dans le cylindre suivant le travail demandé à ce moteur. Il existe trois procédés principaux de régulation ; 1º par tout ou rien ; 2º par variation de la composition du mélange gazeux ; 3º par variation du volume gazeux admis dans le cylindre.

Par tout ou rien : ou bien l'on admet tout le mélange gazeux d'une composition bien déterminée, ou bien l'on n'admet rien du tout ; c'est-à-dire que le mélange n'est pas admis à chaque période d'admission ; l'inconvénient de ce système est qu'il faut un volant de grande masse pour que le moteur ne soit pas soumis à des variations de vitesse ; l'avantage est que le mélange introduit est toujours excellent, et peut fournir un bon travail.

L'emploi de la variation de composition du mélange gazeux présente l'inconvénient d'être limité dans cette variation ; car au-dessus d'une certaine proportion de gaz, le mélange n'est plus explosible ; l'avantage est que l'on fait varier la puissance du mélange suivant le travail à fournir.

La variation du volume gazeux admis, la composition de ce dernier restant la même, a l'inconvénient de diminuer l'importance de la compression puisque le piston trouve moins de gaz à comprimer.

La régulation, quel que soit le système, est actionnée par le régulateur qui suit exactement la marche du moteur. Le régulateur est établi de différentes façons, par exemple, basé sur la force centrifuge ; il est alors constitué par deux masses mobiles s'écartant ou se rapprochant suivant la vitesse de rotation que leur donne le moteur.

Le graissage est capital ; il doit être assuré au

moyen d'huile minérale ; l'huile de graissage formerait du cambouis sous l'action de la chaleur. On emploie assez souvent le mode de graissage sous pression, au moyen d'une pompe alimentant d'huile tous les conduits de graissage qui vont aux organes.

Le moteur est pourvu d'un *amortisseur de bruit* qui atténue le bruit provoqué par l'échappement ; ces amortisseurs sont constitués par des récipients appelés pots d'échappement que l'on place sur les conduites d'évacuation des gaz brûlés ; de même on place les pots d'aspiration sur les conduits d'admission de l'air et du gaz pour atténuer le bruit provoqué par l'admission. Ces récipients agissent en diminuant la vitesse des fluides.

La mise en marche des moteurs a lieu de différentes façons : soit à la main, pour les moteurs de faible puissance, inférieure à douze chevaux (cette mise en marche demande des précautions de la part de l'opérateur afin d'éviter tout accident) ; soit par un moteur électrique placé à proximité de la jante du volant qui porte des dents engrenant avec le pignon denté de ce moteur ; soit enfin en introduisant un mélange tonnant dans le cylindre et en le faisant exploser avec une flamme ; on introduit ce mélange, par exemple, au moyen d'une pompe.

Le fonctionnement du piston diffère suivant qu'il s'agit d'un moteur à quatre temps à simple effet, d'un moteur à quatre temps à double effet, d'un moteur à deux temps.

Dans un moteur à quatre temps à simple effet, au premier temps le piston s'éloigne du fond du cylindre et l'admission du mélange gazeux a lieu ; au deuxième temps, le piston revient et comprime le mélange gazeux jusqu'au moment où celui-ci explose (quand le piston est au bout de sa course) ; au troisième temps, le piston repart sous l'impulsion de l'explosion ; au quatrième temps, il revient en chassant devant lui les gaz brûlés qui s'échappent. Le piston ne travaille donc réellement qu'un temps sur quatre.

Dans un moteur à quatre temps à double effet, les temps se répartissent de la façon suivante : au premier temps, compression à l'avant du piston, admission à l'arrière ; au deuxième temps, explosion et détente à l'avant du piston, compression à l'arrière ; au troisième temps, échappement à l'avant, explosion et détente à l'arrière; au quatrième temps, admission à l'avant, échappement à l'arrière.

Le piston travaille donc au total deux temps sur quatre.

Certains moteurs marchent à deux temps ; pendant le premier temps il y a à l'avant explosion suivie de détente poussant le piston vers l'arrière ; du côté de l'arrière une soupape s'est, pendant ce temps, soulevée, laissant pénétrer d'abord de l'air envoyé par une pompe chassant les gaz brûlés par un orifice, ensuite le mélange tonnant. Quand le piston ferme l'orifice, il y a compression à l'arrière, la soupape s'étant refermée. Au deuxième temps, les mêmes faits se reproduisent en sens inverse.

Classification des moteurs à explosion à gaz. — Les moteurs à explosion à gaz se classent en moteurs à explosion sans compression et en moteurs à explosion avec compression. Dans les premiers, le mélange gazeux est introduit et une étincelle se produit sans qu'il y ait eu compression. Les moteurs à compression sont les plus répandus et parmi eux surtout les quatre temps. On les subdivise en moteurs verticaux et en moteurs horizontaux suivant que les cylindres sont verticaux ou horizontaux.

Les gaz employés dans les moteurs à explosion sont le gaz de houille, le gaz provenant des gazogènes, le gaz provenant des hauts fourneaux. Le gaz de houille a un prix de revient trop élevé pour les grandes puissances ; pour les petites puissances il est encore avantageux si on le compare à la machine à vapeur. Pour les grandes puissances le gaz pauvre (gaz des gazogènes et gaz des hauts fourneaux) est d'un meilleur rendement ; ce gaz est ainsi nommé parce qu'il est moins riche que le gaz de houille en hydrogène et en hydrocarbures. L'emploi du gaz pauvre et la disposition des organes ont fait tomber à un taux très bas le prix du cheval-heure.

Rappelons que les gazogènes fabriquent du gaz de la manière suivante : un courant d'air passe dans une masse de charbon incandescent où il se transforme en gaz pauvre hydrogéné qui sera utilisé dans le moteur; le charbon est en général de l'anthracite ou un charbon maigre.

Les moteurs à explosion à air carburé. — Les moteurs à explosion à air carburé utilisent pour leur fonctionnement de l'air mélangé à des hydrocarbures.

Les produits employés pour fournir ces hydrocarbures sont soit l'essence de pétrole, soit le pétrole lampant, soit le benzol, soit l'alcool carburé.

L'essence de pétrole et le pétrole lampant proviennent de la distillation du pétrole brut ou huile minérale ; le benzol est un produit dérivant du goudron de houille; l'alcool carburé est un mélange d'alcool dénaturé ordinaire et d'un carburant (généralement le benzol) en proportions convenables.

Rappelons qu'il existe des moteurs fonctionnant à la naphtaline, à l'huile de houille, à l'huile de schiste.

Les organes des moteurs à explosion à air carburé sont, tout au moins en principe, les mêmes que ceux des moteurs à gaz, sauf un seul qui est bien particulier à ce genre de moteurs : le carburateur pour les moteurs à essence, à benzol, à alcool, le vaporisateur pour le moteur à pétrole.

La marche de ces moteurs dépend essentiellement du bon fonctionnement de ces organes dont le rôle est de mélanger dans de bonnes conditions l'air avec son carburant.

Moteurs à essence. — Nous examinerons d'abord les moteurs à essence ; tout ce qui est relatif à ces moteurs peut s'appliquer aux moteurs à benzol et aux moteurs à alcool.

Le point essentiel d'un moteur à essence c'est la carburation, c'est-à-dire le mélange en proportions convenables de l'air et de l'essence ; cette carburation est fort difficile, car elle dépend d'une part de la tension des vapeurs du liquide, variable selon la température du carburateur et des pièces qui avoisinent, et d'autre part de la composition chimique de l'essence elle-même, fort différente suivant les marques.

Les carburateurs peuvent se grouper en cinq classes : la première comprend les carburateurs à barboteur dans lesquels on oblige l'air à passer à travers une certaine épaisseur de liquide, et la seconde est celle des carburateurs à léchage où l'air passe à la surface de l'essence. Ces deux classes donnent une carburation irrégulière et ne sont plus employés.

La troisième classe est la plus utilisée : c'est celle des carburateurs à gicleur qui se divisent en deux groupes : à niveau constant, le plus répandu, et sans niveau constant.

La quatrième classe comprend les carburateurs

Fig. 70. — Moteur industriel à essence 40 HP, 800 tours.

mécaniques dans lesquels une petite pompe actionnée par l'arbre du moteur aspire l'essence et la refoule brusquement dans la canalisation d'air. Enfin, la cinquième classe est celle des carburateurs à écoulement consistant simplement en un orifice, qu'un pointeau, actionné par le mécanisme de distribution, obture ou ouvre aux moments voulus ; le liquide arrive à cet orifice par écoulement naturel ou grâce à une pompe.

Comme dans les moteurs à gaz, l'avance à l'allumage est ici nécessaire. Quant à l'allumage lui-même, il est assuré soit par tube à incandescence dans quelques moteurs industriels fixes, soit par l'électricité dans la plus grande généralité des cas.

L'allumage électrique des moteurs à essence comporte quelques particularités ; il s'effectue par des appareils produisant des courants soit à basse tension, soit à haute tension.

Quand le courant est produit à basse tension, on fait éclater l'étincelle dans le cylindre entre deux pièces métalliques mobiles qui se séparent brusquement ; ces deux pièces métalliques constituent le rupteur ; l'étincelle est dite étincelle de rupture.

Quand le courant est à haute tension, l'étincelle d'allumage jaillit dans le cylindre entre deux pièces fixes qui constituent la bougie ; l'étincelle est dite étincelle de tension.

Le courant de basse tension est produit soit par une batterie d'accumulateurs, soit le plus généralement par une magnéto. Si l'on emploie une batterie d'accumulateurs, cette batterie est suivie d'une bobine de self constituée par un noyau autour duquel s'enroule un fil conducteur. Dans les deux cas d'accumulateurs ou de magnétos, il y a self-induction, c'est-à-dire emmagasinement d'énergie magnétique dans le noyau de la bobine ou dans l'armature de l'induit de la magnéto. La suppression brusque du courant, provenant de l'ouverture du circuit, libère cette énergie magnétique qui file dans le circuit en produisant une étincelle à ses extrémités ouvertes. L'ouverture du circuit se fait au moyen d'un rupteur actionné par un mécanisme dépendant du moteur. La magnéto basse tension est dite magnéto de rupture. Le courant à haute tension est obtenu de deux façons : 1º par l'emploi d'un transformateur ou bobine d'allumage recevant du courant basse tension d'une source électrique, piles, accumulateurs ou même magnéto basse tension, et le transformant en courant haute tension grâce à un enroulement de deux fils ; 2º par l'emploi d'une magnéto transformant elle-même son courant basse tension en courant haute tension par l'enroulement de deux fils. Dans les deux cas, un « trembleur » permet la coupure automatique du fil de courant basse tension, ce qui provoque une étincelle dans « la bougie » du fil haute tension. La magnéto haute tension est dite magnéto à bougie.

Types de moteurs à essence. — Les moteurs à essence peuvent se diviser en moteurs industriels fixes ou demi-fixes et en moteurs pour transports : voitures automobiles, aéroplanes, ballons, canots automobiles, dont nous n'avons pas à nous occuper ici.

Les moteurs industriels conviennent à la petite industrie, aux industries agricoles et à tous les usages où l'on recherche un moteur à encombrement réduit ; leur mécanisme est simple ; leur conduite facile. On les couple souvent avec une dynamo pour faire un groupe électrogène.

Moteurs à pétrole lampant ou ordinaire. — Dans ces moteurs, le mélange de l'air et des vapeurs de pétrole est obtenu dans un « vaporisateur », capacité portée à une certaine température pour faciliter la vaporisation du liquide et son mélange intime avec l'air.

Le vaporisateur est chauffé soit par la flamme du brûleur dans les moteurs à allumage par tube incan-

Fig. 72. — Moteur industriel 5 HP sur chariot actionnant un broyeur à pommes.

descent, soit par les gaz d'échappement dans les moteurs à allumage électrique. On adjoint souvent

Fig. 74. — Groupe électrogène portatif 2 faces.

au vaporisateur un pulvérisateur qui divise le liquide et facilite ainsi sa pulvérisation. La mise en marche s'effectue : par un chauffage préalable dans les moteurs à allumage par tube incandescent ; par l'emploi de l'essence pour les premières admissions dans les moteurs à allumage électrique.

Moteur sans soupapes. — Les soupapes ont comme qualité essentielle la robustesse, la simplicité ; mais elles ont comme défaut de ne pas donner aux gaz un passage bien net ; elles présentent des cavités qui nuisent à ce passage ; de plus la compression du ressort de la soupape demande un certain travail au moteur. On a donc cherché à se passer des soupapes, et on y est arrivé en les remplaçant par des cheminées cylindriques (deux par cylindre) comprises entre le piston et le cylindre. Ces cheminées percées de lumières, convenablement disposées et animées d'un mouvement de va-et-vient, assurent l'admission et l'échappement des gaz ; elles reçoivent leur mouvement d'un arbre parallèle au vilebrequin du moteur.

LES MOTEURS A COMBUSTION INTERNE

Le moteur Diesel est le type des moteurs à combustion interne.

Dans ce genre d'appareils, on fait brûler un liquide pulvérisé dans de l'air comprimé. Voici le principe du fonctionnement d'un tel moteur : il est à simple effet et à quatre temps ; au premier temps, le piston descendant aspire, par la soupape d'admission, de l'air pur. En remontant, durant le second temps, le piston comprime cet air jusqu'à la pression de 30 kilogrammes par centimètre carré, ce qui porte sa température à 500 ou 600 degrés, c'est-à-dire au-dessus de celle qui est nécessaire pour l'inflammation du combustible. Dès le début du troisième temps, ce combustible est injecté par un ajutage central dans l'air ainsi échauffé et il brûle au fur et à mesure de son introduction pendant une partie de la course du piston ; puis, après cette combustion graduelle, les gaz continuent à se détendre jusqu'à la fin de cette course motrice. Enfin, au quatrième temps, les gaz de la combustion sont rejetés par la soupape d'échappement sous l'action du piston qui remonte. Le liquide combustible refoulé par une pompe est pulvérisé par de l'air comprimé, qui pénètre en même temps que lui dès que l'aiguille qui ferme l'ajutage central est soulevée par le mécanisme de distribution. Cet air servant à l'insufflation est comprimé, à une pression supérieure à celle qui se produit dans le cylindre moteur, au moyen d'un compresseur actionné par la machine. Ce compresseur charge en même temps des réservoirs qui servent au lancement du moteur ainsi qu'au renversement de marche.

Les avantages de ce moteur apparaissent immédiatement : ils résident dans l'absence de difficulté provenant de la carburation et de l'allumage. Aussi est-il évident que ce genre de moteur s'accommode de l'emploi des combustibles absolument inutilisables pour les autres moteurs. Toutefois ce sont les huiles lourdes qui conviennent le mieux et, pratiquement, leur usage s'est généralisé ; nous signalerons particulièrement les pétroles ordinaires d'une densité de 0,800 au moins, les produits lourds résultant de la distillation du pétrole, les mazouts, l'huile de paraffine, etc.

Plusieurs de ces huiles étant normalement à l'état visqueux et se solidifiant même pour peu que la température s'abaisse, il faut, dans certains cas, prévoir des appareils de réchauffage du combustible.

LES MOTEURS ÉLECTRIQUES

Les moteurs électriques ont été étudiés au chapitre des applications industrielles de l'électricité ; nous n'avons donc pas à y revenir ici.

LES MOTEURS A AIR COMPRIMÉ

Le moteur à air comprimé est constitué pár un piston qui se meut dans un cylindre où l'air comprimé arrive alternativement sur les faces de ce piston, comme cela a lieu pour la vapeur dans la machine à vapeur. Le moteur à air comprimé est peu encombrant ; il a une marche silencieuse, une vitesse de rotation plus petite que 250 tours, ce qui permet de supprimer les engrenages. Son emploi est très intéressant dans tous les endroits humides, comme

FIG 75.
Type de moteur à air comprimé.

les blanchisseries, les teintureries, dans tous les lieux où il y a beaucoup de poussière, enfin dans ceux où il se trouve des gaz inflammables ou explosifs comme les scieries, les menuiseries, les mégisseries.

En raison de sa douceur de fonctionnement, le moteur à air comprimé est fort apprécié, par exem-

Fig. 76. — Treuil actionné par moteur à air comprimé.

ple, pour actionner des treuils, car avec lui les à-coups si préjudiciables à la résistance des organes élévatoires sont réduits au minimum.

Il est aussi fort utile dans le fonctionnement des malaxeurs ; ces appareils ne donnent entièrement satisfaction que lorsqu'ils marchent avec une grande régularité amenant ainsi un brassage méthodique des matières ; le moteur à air comprimé permet précisément cette régularité.

Ces exemples et ce que nous venons de dire du moteur à air comprimé suffisent à montrer ses grands avantages.

LES MOTEURS HYDRAULIQUES

Ces moteurs utilisent la force de l'eau courante ou de l'eau tombant d'une certaine hauteur. Les appareils employés consistent en roues et en turbines.

Les roues sont soit à augets, soit à palettes planes ou courbes. Elles s'installent de différentes façons. Les turbines comprennent une partie fixe et une partie mobile. L'eau est amenée dans la partie fixe ; celle-ci est munie d'aubes qui guident l'eau pour la conduire sur la partie mobile ou turbine proprement dite. Suivant la direction dans laquelle l'eau agit, on distingue : les turbines centrifuges, centripètes, parallèles et mixtes.

L'emploi des turbines se multiplie de plus en plus, au fur et à mesure que s'étend l'utilisation de la houille blanche. Nous avons donné, au chapitre des applications industrielles de l'électricité, des chiffres concernant cette houille blanche.

UTILISATION DE LA CHALEUR SOLAIRE

Ce mode de production de force motrice est encore bien nouveau, mais il en a été fait quelques applications intéressantes.

L'utilisation de la chaleur solaire ne peut être envisagée, dans l'état actuel de la question, que dans nos colonies où l'intensité des rayons solaires est élevée.

Le fonctionnement d'une installation utilisant la chaleur solaire est basé sur le principe de physique mis en application dans les serres. On sait, en effet, que la chaleur envoyée par le soleil à la terre est renvoyée par rayonnement ou par conduction à l'atmosphère ambiante après avoir été reçue par la surface de la terre. Si l'on recouvre la surface de la terre par une enveloppe de verre, la chaleur reçue par cette surface ne pourra plus être rayonnée vers l'atmosphère et sera maintenue dans le local formé par cette enveloppe de verre ; c'est le principe des serres.

Un ingénieur américain de la région de Philadelphie eut l'idée d'utiliser ce principe pour produire de la vapeur ; il avait, à cet effet, placé de l'eau dans une caisse plate en bois recouverte par deux feuilles de verre laissant entre elles un espace formant matelas. Cette caisse étant exposée en plein soleil par une belle journée d'été (à la latitude de Philadelphie les rayons solaires sont très chauds) on constata que la température de l'intérieur de la caisse s'élevait peu à peu et finissait par atteindre et dépasser 100 degrés, c'est-à-dire la température de l'ébullition de l'eau.

Il se produisait donc de la vapeur dans la caisse.

Restait alors à utiliser la vapeur d'eau produite. On plaçait un serpentin dans l'eau de la caisse en question ; ce serpentin était rempli d'eau. Celle-ci s'échauffait et la vapeur qu'elle fournissait était envoyée dans le piston d'une petite locomotive du genre de celles qui servent de jouets aux enfants. Le résultat était très satisfaisant, car on put arriver ainsi à faire marcher la locomotive. C'était là une première expérience fort intéressante mais qu'il fallait répéter en plus grand. On la tenta sur une locomotive beaucoup plus grande avec une caisse de dimensions proportionnées à laquelle on pouvait donner dès lors le nom de générateur. Le succès couronna encore cette expérience, et c'est alors qu'on se décida à faire un essai sur une grande échelle.

Le générateur devint une caisse de 20 mètres sur 7, contenant des tubes horizontaux réunis à leurs extrémités pour constituer un serpentin ; ces tubes étaient noircis de manière à augmenter leur pouvoir absorbant ; au lieu d'employer de l'eau dans le serpentin, on faisait usage d'éther qui ne tardait pas à se vaporiser ; la vapeur obtenue était alors envoyée dans le cylindre à piston d'une pompe, puis elle passait dans un condenseur constitué par un serpentin inondé d'eau froide, dans lequel elle redevenait liquide ; elle rentrait ensuite dans les premiers tuyaux et le cycle recommençait.

L'appareil ainsi installé fonctionna très bien pendant deux étés consécutifs ; la quantité d'eau pompée fut considérable ; cependant il faut reconnaître que pratiquement il y a de grandes difficultés, tout au moins à l'heure actuelle, pour la réalisation d'une pareille installation. Si nous prenons pour unité le cheval-vapeur et que nous examinions dans quelles conditions il est produit dans une machine à vapeur et dans notre installation à moteur solaire, nous trouvons que dans une locomotive une surface de chauffe d'un quart de mètre carré suffit à le produire, que dans une machine fixe il faut trois quarts de mètre carré et qu'avec le moteur solaire il faut à peu près 15 mètres carrés. Immédiatement apparaît donc le facteur « encombrement » qui s'ajoute à celui de l'arrêt forcé du système dès que le soleil est au-dessous de l'horizon et aussi par les jours nuageux et pendant les saisons autres que l'été. Dans les expériences dont nous venons de parler, l'appareil ne fonctionnait que vers onze heures du matin et s'arrêtait de bonne heure l'après-midi.

Mais les avantages de cette installation sont considérables d'autre part, car il n'y a besoin d'aucun combustible, les frais d'entretien sont très peu élevés, enfin un chauffeur est inutile.

Des expériences dont nous avons parlé et d'études relatives à cette question, il résulte que, pour réaliser dans les meilleures conditions possibles une installation de ce genre, il faudrait prévoir les dispositions suivantes indiquées par l'inventeur du système.

On prendrait un terrain carré bien plat de 120 mètres de côté que l'on recouvrirait d'une couche d'asphalte pour augmenter la facilité d'absorption de la chaleur solaire et en même temps retenir l'eau.

Le terrain serait ensuite entouré de murettes de faible hauteur et divisé, à l'instar d'une gaufre, en vingt compartiments par des cloisons longitudinales, touchant non pas le fond des compartiments, mais la surface de verre qui servirait de couverture.

Cette disposition permettrait à l'eau de circuler d'un bout à l'autre du réservoir, mais diviserait la masse d'air qui surmonte le liquide.

La couverture en verre ne serait plus ici constituée par deux couches de verre séparées par un matelas d'air, mais bien par une seule couche de verre recouverte en dessous d'une très mince couche de paraffine touchant la surface de l'eau.

La charpente supportant le vitrage serait faite en bois. On éviterait ainsi les dilatations et contractions qu'on aurait subies avec le métal et on perdrait moins de chaleur par conductibilité.

Le bois serait créosoté pour avoir une plus longue durée.

Une des questions délicates serait d'établir une étanchéité parfaite empêchant toute communication entre le réservoir et l'atmosphère. Ce résultat serait obtenu en employant des garnitures de coton posées sur les bords de la couverture de verre et comprimées par le poids de cette dernière ; le coton serait préalablement imbibé d'huile de lin cuite qui s'oxydant rapidement, produirait l'étanchéité demandée.

L'appareil serait protégé sur les côtés nord et sud par des abris de planches et sur les côtés est et ouest par des abris vitrés. Le prix d'une première installation serait de 13 francs le mètre carré environ, soit 200.000 francs en chiffres ronds pour l'installation entière que nous venons de décrire, qui a 15.000 mètres carrés de surface et peut développer mille chevaux-vapeur. Le prix est certainement, au premier abord, fort respectable, mais il faut songer, comme nous le disions plus haut, à l'absence de dépense de combustible, à la rareté des réparations et à l'inutilité d'un chauffeur.

Quant à la vapeur elle serait employée de la façon suivante : au lieu de s'en servir pour vaporiser un liquide volatil que l'on condenserait, comme nous l'avons vu pour l'installation d'essai, on l'utiliserait pour faire fonctionner une turbine à vapeur.

L'appareil serait complété par un accumulateur de chaleur constitué par un réservoir dans lequel passerait l'eau chaude. Si l'on suppose que l'appareil d'absorption de la chaleur solaire fonctionne pendant six heures seulement sur vingt-quatre, la vapeur serait fournie pendant le reste du temps par l'eau emmagasinée dans le réservoir.

Une installation de ce genre a été établie en Égypte, et elle donne de bons résultats ; elle sert à l'irrigation de certaines régions.

UTILISATION DES MARÉES ET DE LA FORCE DES VAGUES POUR PRODUIRE DE LA FORCE MOTRICE

La puissance énorme que recèlent en elles les marées et les vagues a tenté bien des chercheurs ; quelques résultats ont été obtenus. Pour les marées, on a utilisé un bassin placé à l'intérieur des terres et communiquant avec la mer par un canal sur le trajet duquel on installe des turbines ou des roues hydrauliques mises en fonctionnement par l'eau allant de la mer vers le bassin à la marée montante et du bassin vers la mer à la marée descendante.

Pour les vagues, en Amérique on a réalisé une installation de bouées flottantes traversées par un axe vertical, le long duquel les bouées montent au passage des vagues et redescendent ensuite ; ce mouvement a été mis à profit pour faire actionner par chaque bouée une série d'engrenages en mettant en marche de petites dynamos productrices de courant électrique.

CHAPITRE IX

ÉCLAIRAGE A L'ESSENCE ET A L'AIR CARBURÉ

Dans le chapitre précédent nous avons étudié les moteurs à air carburé ; nous avons été amené à donner, à ce moment, des explications sur cet air carburé et sur l'essence ; ces explications nous permettent maintenant de fournir quelques indications sur l'emploi de ces matières pour l'éclairage.

ÉCLAIRAGE A ESSENCE

L'éclairage à essence peut être assuré au moyen de canalisations ; l'installation en est simple ; elle comprend un récipient contenant l'essence et un réseau de canalisations qui dessert les becs. Le récipient peut être de deux modèles : ou à chute de liquide ou à pression ; le premier est un simple bidon possédant à sa partie inférieure un robinet et un raccord sur lequel se fixe la canalisation. A la partie supérieure du bidon se trouve un bouchon pour le

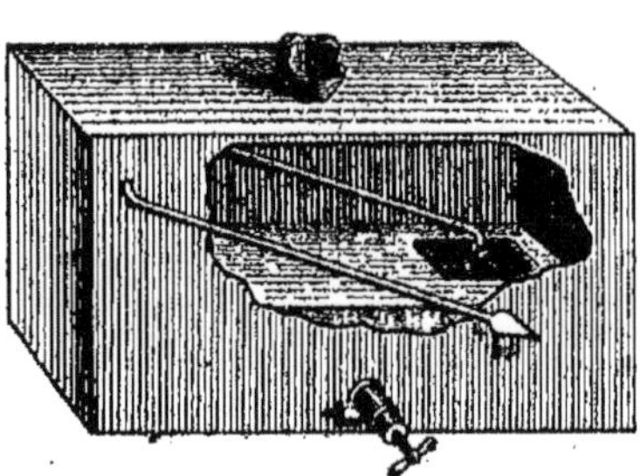

Fig. 77.—Réservoir à essence.

remplissage. Enfin, sur l'essence nage un flotteur qui actionne extérieurement un contrepoids ou une aiguille ; au fur et à mesure que s'épuise la quantité d'essence contenue dans le bidon, l'aiguille ou le contrepoids s'abaisse, indiquant ainsi ce qui reste d'essence dans le récipient.

Le réservoir à pression convient pour les installations où il n'est pas possible de placer le récipient à chute de liquide assez haut au-dessus des becs. Ce réservoir est muni à sa partie supérieure d'un manomètre (qui donne à chaque instant la pression de l'essence contenue), d'un bouchon de remplissage, d'un raccord avec robinet pour le départ de la canalisation, d'une valve pour la compression de l'air. On remplit le réservoir d'essence jusqu'à une certaine hauteur variant avec le modèle, et on y comprime de l'air au moyen d'une pompe de bicyclette adaptée à la valve dont il vient d'être question. La pression à donner dans le réservoir dépend évidemment de la hauteur des becs au-dessus du récipient.

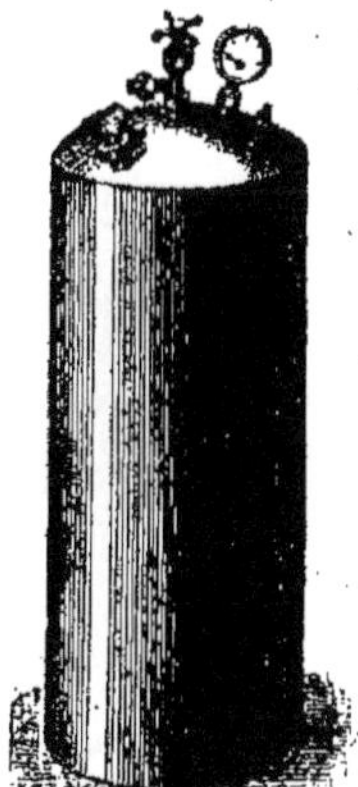

Fig. 78.
Réservoir à
essence
à pression.

Les becs dans lesquels l'essence est brûlée, sont à flamme libre ou à incandescence.

La canalisation est constituée par un petit tube de cuivre dont le diamètre varie entre 2 et 4 millimètres ; ce tube est essentiellement maniable et très peu apparent. En hiver, il faut protéger les parties de la canalisation qui pourraient être exposées au froid, car il y aurait congélation.

Naturellement, on doit prendre de grandes précautions pour le remplissage des récipients à essence et étant donnée sa grande inflammabilité, éviter tout voisinage d'une lumière quelconque.

ÉCLAIRAGE A AIR CARBURÉ

L'éclairage au moyen de l'air carburé consiste à mélanger à l'air des vapeurs d'essence minérale ou de benzol. Il existe pour cet usage plusieurs modèles d'appareils. A titre d'exemple, voici la description de l'un d'eux. Il se compose d'un moteur à air chaud, d'une pompe, d'un réservoir d'air, d'un saturateur.

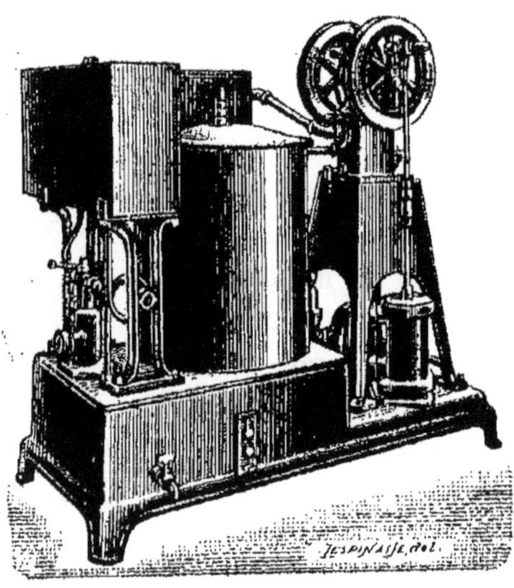

Fig. 79.— Appareil pour la fabrication de l'air carburé.

Le moteur à air chaud est d'un fonctionnement très simple ; il est basé uniquement sur la dilatation de l'air au moyen d'un brûleur allumé sous le moteur ; il n'y a aucun autre allumage ; ce brûleur utilise d'ailleurs le gaz fabriqué par l'appareil.

Le moteur actionne une pompe qui envoie de l'air dans le réservoir où il s'accumule sous une cloche formant régulateur de pression. Au sortir du réservoir, l'air passe dans le saturateur et s'y mélange à l'essence.

La mise en marche de l'appareil se fait de la façon

suivante : On donne, à la main, quelques tours de pompe, ce qui amène la production d'une certaine quantité de gaz ; le brûleur placé sous le moteur se trouve alors alimenté ; on l'allume et le moteur continue de lui-même le mouvement qui lui était communiqué par la pompe que l'on tournait à la main. L'appareil est désormais en plein fonctionnement.

Le gaz produit est canalisé dans des conduites identiques à celles du gaz de houille ordinaire, et il est brûlé dans des becs à incandescence identiques aussi à ceux dont on se sert pour le gaz de houille.

D'autres appareils sont basés sur l'emploi d'un aspirateur qui produit un courant d'air allant à un carburateur où arrive en même temps une quantité bien déterminée de liquide volatil, venant du doseur à essence commandé par l'aspirateur.

Dans tous ces systèmes, l'important est d'obtenir un mélange constant de l'air et de l'essence ; il faut, de plus, beaucoup de précautions en raison de l'inflammabilité des produits.

Avec les renseignements que nous venons de fournir sur l'éclairage à l'essence et à l'air carburé nous avons passé en revue les différents systèmes d'éclairage fixes : gaz, acétylène, électricité, essence, air carburé, les trois premiers systèmes ayant été examinés à leurs chapitres respectifs.

CHAPITRE X

LA PROTECTION D'UN LIEU HABITÉ CONTRE LE VOL ET L'INCENDIE

Nous avons cru utile de réserver un petit chapitre à ce sujet spécial de la protection d'un lieu habité, usine, propriété, ferme, etc., contre le vol ou l'incendie.

PROTECTION CONTRE LE VOL

Le premier moyen est certainement d'avoir si on le peut, un bon chien de garde ; mais nous insistons sur le mot *bon* ; car il ne faut pas une bête peureuse ou un animal qui se précipitera gloutonnement sur la première boulette empoisonnée qu'on lui lancera. Il faut un chien courageux, rebelle à toute tentative de gourmandise ; il lui faudra encore des sens bien développés : odorat, vue, sens auditif. Mais tout cela peut, à la rigueur ne pas suffire, le chien pouvant être victime d'un guet-apens.

A l'heure actuelle il existe des moyens sûrs de signaler les tentatives de pénétration dans une maison ; nous allons en indiquer quelques-uns.

Signalons d'abord la serrure avertisseur électrique qui se pose le plus facilement du monde comme un verrou ordinaire ; cette serrure se ferme à l'intérieur avec un bouton, à l'extérieur au moyen d'une clef. A cette serrure aboutissent deux fils que l'on réunit à une sonnerie électrique ; la clef seule de cette serrure peut permettre l'ouverture sans bruit ; toute autre clef (ou crochet) donne l'alarme car n'étant pas faite exactement pour la serrure, elle établit le contact à l'intérieur entre les deux fils et la sonnerie se met en branle. Mais bien plus, toute poussée, toute pesée faite sur la porte obtiennent aussi ce même résultat.

Pour faire une installation complète on réunira la sonnerie de l'appartement à une autre placée extérieurement, sur une fenêtre par exemple, pour avertir les voisins. D'ailleurs pendant la journée, ou quand on juge inutile d'assurer le fonctionnement de l'appareil, un interrupteur permet d'annihiler l'effet de la serrure.

Un autre dispositif consiste à loger un petit contact dans le bord fixe de la porte sur lequel celle-ci vient s'appliquer quand elle est fermée. Ce petit contact est enfoncé dans son logement; dès qu'on pousse sur la porte, mû par un ressort, il quitte sa cavité et établit en même temps la communication entre les deux fils électriques d'une sonnette qui se met à vibrer. En temps normal la porte peut s'ouvrir sans faire sonner, grâce à un interrupteur manœuvré de l'intérieur par le locataire.

Ces dispositions reposent, comme on le voit, sur l'établissement d'un courant électrique, actionnant une sonnette. On peut employer partout cette méthode'; par exemple, vous avez une fenêtre dont l'accès est facile de l'extérieur ; vous disposez un petit contact qui entre dans son logement une fois les volets fermés, comme dans le cas de la porte dont nous parlons plus haut ; si l'on essaie d'ouvrir les volets sans votre assentiment la sonnerie se mettra en branle. On peut encore placer un petit contact sous un tapis d'entrée où personne ne doit normalement passer pendant la nuit. Si un étranger veut entrer, il posera les pieds sur le tapis et le contact ainsi mis en mouvement actionnera une sonnette.

Nous ne multiplierons pas ces exemples : l'ingéniosité de chacun peut appliquer à son gré les dispositifs dont nous venons d'indiquer le principe.

Mais il y a des moyens plus puissants de signaler la présence d'un cambrioleur : au lieu de faire actionner une simple sonnerie par ces dispositifs, on peut leur faire mettre en mouvement le battant d'une cloche placée en un point quelconque de l'extérieur de la maison. Le vacarme de cette cloche met en fuite le cambrioleur. Mais il y a encore mieux : vous pouvez faire installer, non pas une cloche, mais un avertisseur détonant qui éclatera dès que le cambrioleur aura, sans le savoir certes, actionné une porte ou une fenêtre protégées. Enfin on complète encore tous ces moyens d'appel par des lueurs d'alarme ; ces lueurs sont provoquées par le courant électrique agissant sur une sorte de détonateur lent et signalent à grande distance la maison qui a besoin de secours. Avec les engins que nous venons d'énumérer on peut combiner toutes sortes de dispositifs. Vous pouvez, par exemple, réunir les deux parties d'une fenêtre fermée par une chaînette; si l'on essaie de pousser la fenêtre pour la forcer, on tirera sur cette chaînette qui actionnera un détonateur; ici l'installation est fort simple puisqu'il n'y a pas de courant électrique. On peut tendre dans le jardin un fil attaché à un avertisseur ; quelqu'un passant par là indûment butera dans le fil, faisant alors fonctionner l'avertisseur ; une malle, un tiroir, tout objet que l'on veut protéger peuvent être ainsi munis d'un détonateur.

Enfin le summum de la défense de la maison est

dans l'emploi d'une installation qui la transforme en un véritable coffre-fort auquel on ne peut toucher sans être dans le secret.

L'objet capital dans cette installation est un verrou spécial que l'on place sur la porte d'entrée comme un verrou ordinaire. On pose des contacts invisibles sur les portes, les fenêtres, les meubles de la maison à protéger ; on réunit tous ces contacts entre eux et au verrou spécial, puis à volonté à des sonneries, cloches, avertisseurs, lueurs, enfin à un interrupteur général qui permet d'annihiler quand on le désire le fonctionnement de tous ces engins. Le verrou spécial se meut de l'intérieur par un bouton, de l'extérieur par une clef. Quand on ferme ce verrou, en sortant par exemple, on agit comme avec un coffre-fort, c'est-à-dire que l'on brouille une combinaison que l'on devra rétablir avant de rouvrir le verrou, si l'on veut rentrer en silence ; toute autre personne essayant d'entrer soit avec d'autres clefs, soit même avec vos clefs mais sans connaître le secret de la combinaison, ne pourra le faire qu'en provoquant la mise en action des engins. Le verrou de sûreté peut aussi, inversement, servir à empêcher de sortir quelqu'un la nuit, sans le consentement du propriétaire. Comme on le voit il ne manque pas de moyens de protéger la maison contre toute intrusion et chacun peut trouver une disposition pour le cas qui l'intéresse personnellement.

Nous signalerons, en terminant, que l'on fait des timbres avertisseurs, qui servent surtout en voyage ; une fois rentré dans sa chambre on place l'un de ces timbres par terre contre la porte ; quelqu'un du dehors viendrait-il à pousser sur la porte ou à l'ouvrir avec une fausse clef, immédiatement le timbre se mettrait à sonner.

LA PROTECTION CONTRE L'INCENDIE

Il est prudent de prévoir l'incendie, autant qu'on le peut, dans toute habitation, par des dispositions spéciales de robinets d'eau que chaque propriétaire, chaque directeur d'usines peut répartir suivant son inspiration personnelle.

Avec le courant électrique on a réalisé des appareils qui annoncent automatiquement la présence d'un incendie. C'est, par exemple, un dispositif où deux lames, en se rapprochant sous l'effet de la chaleur développée par l'incendie, provoquent le déclanchement d'une sonnette ; dans d'autres systèmes, une barrette se rompt brusquement dès que la température dépasse un degré déterminé, et cette rupture actionne un avertisseur, ne s'arrêtant qu'à la mise en place d'une nouvelle barrette. Dans d'autres cas cette barrette ne se rompt pas : elle s'allonge et provoque la sonnerie qui s'arrête dès que, la température étant redevenue normale, la barrette a repris sa première position.

On fait aussi des appareils automatiques qui déterminent l'ouverture d'un robinet assurant une forte arrivée d'eau lorsqu'il y a incendie.

Il existe des appareils extincteurs basés sur l'envoi d'un gaz incombustible sur le foyer d'incendie. L'un d'eux, par exemple, se compose d'un récipient en tôle contenant de l'eau saturée de bicarbonate de soude et d'une bouteille remplie d'un acide. L'appareil est plombé ; quand on veut s'en servir, on fait sauter le plomb qui ferme le récipient et on retourne tout le système ; dans ce mouvement la bouteille s'ouvre automatiquement et le mélange a lieu ; il se produit de l'acide carbonique qui est lancé en jet sur le foyer d'incendie.

Dans d'autres appareils on projette sur l'incendie une poudre spéciale qui détermine au contact de la flamme un abondant dégagement de gaz incombustibles.

On fait enfin des grenades-extincteurs en verre qui, jetées sur le feu, se brisent et laissent échapper leur contenu liquide ; ce liquide, au contact du foyer, se transforme en gaz incombustible.

CHAPITRE XI

LES APPAREILS DE PRÉCISION UTILISÉS DANS L'INDUSTRIE

Nous ne pouvons passer en revue, ici, tous les appareils de précision utilisés dans l'industrie ; chaque corps de métier fait usage d'instruments qui lui sont propres, et vouloir examiner l'ensemble de ces appareils nous entraînerait à étudier le détail des opérations de la plupart des industries ; cela ne présenterait d'ailleurs pas un grand intérêt, puisque chaque spécialiste connaît bien les appareils courants de son industrie. Mais il existe une catégorie d'instruments fort ingénieux que l'on nomme « enregistreurs », dont l'application s'étend de plus en plus, et sur lesquels il est bon d'appeler l'attention ; la description de quelques-uns d'entre eux peut, en effet, amener un chef d'usine ou d'atelier à trouver une nouvelle application utile.

Les appareils enregistreurs permettent le contrôle d'une foule d'opérations dont l'ensemble concourt au bon fonctionnement de l'usine entière. Ils exercent leur surveillance d'une façon continue et impartiale ; ils permettent, par exemple, de contrôler la quantité d'eau vaporisée dans une chaudière à vapeur, la hauteur des liquides dans les réservoirs, la vitesse d'une machine, le nombre de fois qu'un four a été chargé ou qu'une porte a été ouverte, la température des étuves, des serres ou des chambres frigorifiques, le nombre de volts, d'ampères ou de watts consommés, etc. ; ils donnent des indications exactes sur la durée des opérations effectuées, etc.

Un enregistreur est constitué par une plume qui trace des traits sur un papier spécial recouvrant un cylindre ; ce cylindre renferme un mouvement d'horlogerie qui le fait tourner à la vitesse voulue ; la plume est actionnée par des mécanismes qui varient avec la nature des phénomènes qu'on enregistre. Le papier spécial porte des lignes verticales courbes qui indiquent les durées, et des lignes horizontales qui donnent les chiffres relatifs à ce que l'on enregistre ; si nous prenons, par exemple, le baromètre enregistreur, dans cet appareil le cylindre fait un tour complet en une semaine ; les lignes courbes verticales du papier spécial de cet instrument indiquent les jours et les heures ; les lignes horizontales, le chiffre des pressions atmosphériques. Lorsque le cylindre est revenu à son point de départ, on enlève la feuille de papier spécial que l'on remplace par une autre. Quant à la plume qui trace les traits elle est actionnée par un baromètre ordinaire.

Nous allons donner quelques exemples d'enregistreurs employés dans l'industrie.

ENREGISTREUR DE NIVEAU A FLOTTEUR

Cet appareil est installé dans plusieurs réservoirs de la ville de Paris ; il permet de suivre avec la plus grande exactitude les variations de niveau du réservoir ; le flotteur monte ou descend dans un cylindre en tôle en relation avec le bassin et ses mouvements sont transmis à la plume de l'enregistreur par une série de fils et de poulies. Les lignes horizontales du papier spécial indiquent, dans ce cas, les hauteurs d'eau.

MANOMÈTRE ENREGISTREUR

Sur les chaudières, on installe des manomètres enregistreurs ; l'enregistrement de la pression des chaudières à vapeur est, en effet, d'un grand intérêt ; car la marche des foyers est une des opérations les plus difficiles à contrôler et les plus importantes tant au point de vue de la sécurité des usines qu'à celui de la dépense en combustible. Tous les industriels savent les économies qu'ils font lorsqu'ils ont des chauffeurs conduisant leurs générateurs avec soin ; s'il y a un manomètre enregistreur, l'ouvrier se sait surveillé par l'appareil et il a dès lors tout intérêt à faire bien son service ; le chef d'usine de son côté, qui voit la manière dont la chaudière est conduite, peut accorder au chauffeur une part du bénéfice réalisé par la régularité de la chauffe.

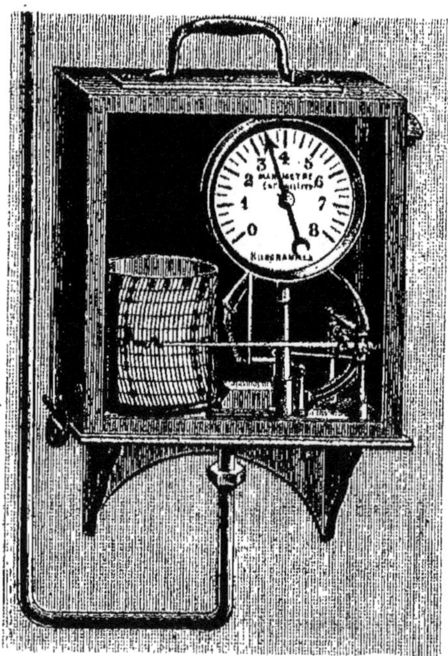

Fig. 80. — Manomètre enregistreur.

La surveillance ainsi exercée a, en plus, l'avantage de supprimer la plus grande partie des chances d'explosion. Le chauffeur ne peut ni caler ses soupapes ni se soustraire aux soins de mise en état de propreté, puisque les moindres variations de pression, provenant de ces causes, seront indiquées aux chefs d'usine. La courbe de mise en pression à l'allumage ainsi que celle du refroidissement, sont utiles à connaître.

Les manomètres enregistreurs sont très simples à installer ; le tuyau de vapeur se branche directement sur les conduites existantes et peut atteindre une longueur de 50 mètres à partir de la chaudière.

Les cylindres effectuent un tour complet en une journée, en une semaine, ou en toute autre période de temps que l'on désire.

On peut également installer des manomètres enregistreurs sur les canalisations d'air comprimé, d'eau, etc.

Dans certains cas de chauffage par la vapeur d'un milieu clos, on contrôle la température en enregistrant la pression de la vapeur envoyée ; c'est notamment ce qui a lieu dans les étuves à désinfection, à stérilisation, dans les autoclaves pour la cuisson des conserves alimentaires, etc. Dans ce cas le manomètre est construit de façon à donner directement sur le papier spécial l'indication des températures.

INDICATEURS ENREGISTREURS DE VITESSE

Lorsqu'on veut savoir le nombre de tours que fait par minute l'arbre d'une machine, on emploie un compteur de tours et une montre à secondes ; on note le temps pendant lequel le compteur a été actionné par la machine et on divise le nombre de tours lu par le nombre de **minutes, ce qui donne le** résultat cherché.

Il existe des appareils qui font cette opération d'une façon continue et automatique et qui indiquent le nombre de tours par minute.

Un appareil de ce genre se compose de deux plateaux circulaires P tournant en sens inverse d'une vitesse uniforme et faisant rouler entre leurs surfaces une roulette Q qui est éloignée de leur centre proportionnellement au nombre de tours de la machine.

Cet éloignement est obtenu au moyen d'une roue à fente hélicoïdale T qui agit, à la façon d'un pignon menant une crémaillère, sur une vis sans fin R sur le prolongement de laquelle est calée la roulette. Les plateaux, mus par une faible puissance fournie par la machine et ayant une vitesse rendue rigoureusement constante par un régulateur, ont pour effet, en faisant rouler la roulette sur elle-même, de dévisser la vis sans fin dans la roue hélicoïdale, comme le ferait une vis mobile dans un écrou fixe ; ils tendent par suite à ramener la roulette à leur centre.

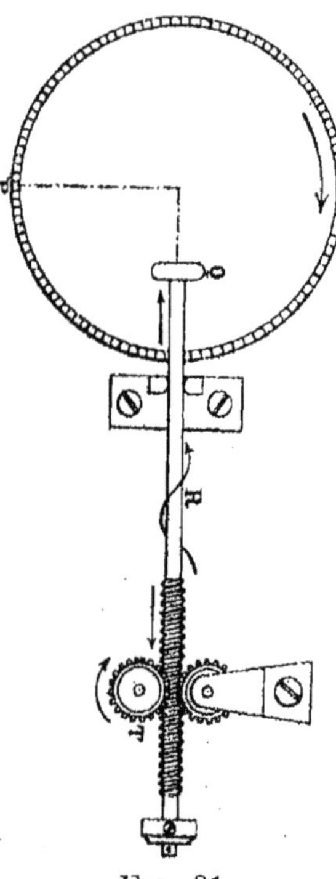

Fig. 81.
Indicateur de tours.

Cette dernière se trouve donc soumise à un double mouvement : 1° elle est entraînée vers la périphérie des plateaux proportionnellement au nombre de tours de la machine; 2° elle èst ramenée au centre des plateaux proportionnellement au temps.

Il en résulte qu'elle vient choisir sur les plateaux une position d'équilibre qui correspond au rapport des deux facteurs, c'est-à-dire au quotient exact du nombre de tours par le temps. Ce quotient est exprimé par la distance momentanée du plan de la roulette au centre des plateaux ; distance qui est traduite à l'œil par le déplacement d'une aiguille devant un cadran à divisions absolument équidistantes.

ENREGISTREUR DE MARCHE DES MACHINES

Pour contrôler la marche des machines on peut se servir d'un enregistreur très simple composé d'une poulie commandée par la machine et actionnant par une série de mobiles (vis sans fin, pignons et limaçon) un style portant la plume et retombant à zéro après chaque ascension complète. Pour les machines à mouvement alternatif, la poulie de commande peut être remplacée par une roue à rochet appropriée, susceptible d'être actionnée par un cliquet.

La commande du style est calculée pour faire monter celui-ci de deux millimètres pour cent tours ou mille tours, suivant l'allure habituelle de la machine. Tous les 5.000 ou 50.000 tours, l'aiguille retombe à o, pour recommencer son ascension au fur et à mesure de la marche. Dès que la machine s'arrête, la plume s'arrête également et le cylindre continuant à tourner en fonction du temps, le trait devient horizontal ; on a ainsi chaque jour l'heure de la mise en marche, la vitesse de la machine et les arrêts.

LA MESURE DES TEMPÉRATURES

Parmi les indicateurs enregistreurs, ceux qui donnent la mesure des températures sont très intéressants parce qu'il s'appliquent à une foule d'industries ; aussi en dirons-nous quelques mots.

On utilise pour la mesure des températures un grand nombre d'appareils qui peuvent se ramener à quatre catégories suivant leur principe, leur mode d'emploi et leur installation.

La première catégorie comprend les appareils destinés à la mesure ou à l'enregistrement de la température ambiante, c'est-à-dire qui sont placés en entier dans le milieu dont on désire connaître la température qui ne doit pas excéder 100 degrés. La deuxième catégorie renferme les appareils dont le réservoir explorateur seul est plongé dans le milieu à étudier, dont la température doit être inférieure à 120 degrés ; le réservoir est relié par une tige à l'enregistreur ou à l'indicateur qui sont placés en dehors de ce milieu. La troisième catégorie est celle des appareils dont le réservoir explorateur, comme dans la précédente, est seul plongé dans le milieu, mais la transmission à l'enregistreur y est constituée par un tube filiforme rempli de liquide qui peut épouser tous les coudes et sinuosités que l'on désire ; avec ces appareils, on peut mesurer les températures jusqu'à 360 degrés. La quatrième catégorie. enfin, comporte les instruments pour la mesure des températures supérieures à 360 degrés : on leur donne le nom de *pyromètres.*

Parmi les appareils de la première catégorie se rangent les thermomètres ordinaires, à mercure ou à alcool, et que l'on peut disposer pour indiquer les minimums et les maximums. Nous n'insisterons pas sur ces appareils que tout le monde connaît, et nous passerons immédiatement au thermomètre enregistreur de cette première catégorie ; cet appareil consiste en un tube de cuivre, courbe, de section méplate. Ce tube dont les dimensions varient suivant la marche ou la sensibilité qu'on désire obtenir est hermétiquement fermé et plein d'un liquide difficile à conge-

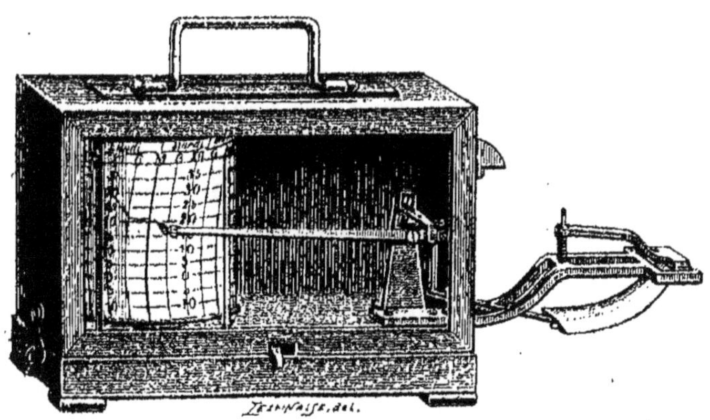

FIG. 82. — Thermomètre enregistreur.

ler ; la dilatation du liquide, sous l'influence des variations de température, fait changer la courbure du tube dont une extrémité est fixée à un bâti et l'autre se déplace de quantités proportionnelles servant à la mesure de ces variations de température ; cette dernière extrémité est reliée au moyen d'une bielle à un levier qui porte la plume remplie d'encre traçant sur le papier du cylindre la courbe de ses déplacements ; on gradue l'appareil par comparaison avec un thermomètre étalon en se servant de glacières et d'étuves ; les thermomètres adoptés en France par le Bureau central météorologique, sont gradués de — 15 à + 40 degrés centigrades ; les dimensions des leviers sont choisies de façon qu'une variation de température de 1 degré soit représentée par un déplacement de 15 millimètres pour la plume, et les divisions du papier quadrillé sont, en conséquence, espacées de cette quantité ; cet écartement a l'avantage de permettre d'apprécier à vue le dixième de degré.

Lorsque ces thermomètres doivent être placés dans des endroits où l'on peut craindre des chocs, on les munit d'un grillage métallique constituant un protecteur.

Pour les navires qui transportent les viandes ou les denrées conservées dans des chambres froides, on se sert d'enregistreurs que l'on peut plomber au départ et qui donnent le diagramme des températures à chaque moment de la traversée ; l'organe thermométrique de cet instrument est un serpentin qui permet d'avoir une marche si sensible pour de faibles variations de température, que le centième de degré est accusé par un déplacement de la plume ; on emploie un mouvement d'horlogerie qui marche 56 jours sans être remonté ; le papier du cylindre a la longueur voulue pour un enregistrement aussi long ; l'on installe, à cet effet, près du grand cylindre habituel un second cylindre qui contient la réserve de papier nécessaire passant de ce dernier cylindre sur le premier.

Dans la première catégorie rentrent encore les thermomètres à cadran avertisseurs électriques ; l'aiguille du cadran est actionnée au moyen de pièces diverses par un tube thermométrique métallique à dilatation de liquide semblable à celui que nous avons vu plus haut pour le thermomètre enregistreur ; cet appareil peut être mis en communication avec deux sonneries différentes indiquant les maxima et minima admis, ou avec une seule sonnerie commune. Des avertisseurs d'incendie seront constitués au moyen d'un tube métallique méplat contenant un liquide dont la dilatation agit sur la courbure du tube qui, parvenue à un certain point touche un contact actionnant une sonnerie électrique.

Dans les appareils de la seconde catégorie, l'organe thermométrique consiste en un culot cylindrique de métal dans lequel se trouve une série de membranes métalliques montées l'une sur l'autre, la supérieure étant soudée sur le bouchon du culot. On remplit de liquide l'espace qui se trouve entre les membranes et le culot métallique. La membrane inférieure qui totalise les mouvements de tous les autres est reliée par une tige centrale à un système indicateur ou enregistreur placé en dehors du milieu.

Les instruments de la troisième catégorie sont destinés à résoudre le problème suivant : un organe thermométrique, c'est-à-dire sensible aux variations de température, placé dans un milieu isolé, doit transmettre les indications qu'il reçoit de manière à commander, en dehors de ce milieu isolé, l'aiguille indicatrice ou le système enregistreur chargés d'en inscrire le diagramme ; et cela sans être influencé par la température du second milieu où se trouvent placés ces derniers appareils.

L'organe thermométrique est constitué par un réservoir métallique, ou ampoule, placé dans le milieu dont on veut connaître la température et qui communique par un tube filiforme avec un tube méplat ordinaire placé en dehors ; l'ensemble est rempli d'un liquide dilatable qui transmet les variations de température du milieu au tube méplat qui commande l'organe de l'enregistreur. Mais le tube filiforme est par lui-même thermomètre et, s'il y a variation de température dans l'endroit où est le système enregistreur, cette variation est inscrite par ce dernier ; il faut donc ajouter à l'instrument un système annulant exactement la marche que peut prendre le tube méplat sous l'influence de la température ambiante. Voici comment on s'y prend : le tube A est relié à l'ampoule réceptrice de la température du milieu isolé ; fixé par une de ses extrémités, il commande par son autre extrémité libre, *a*, le style B, portant la plume, au moyen du levier, *a b c*, mobile autour d'un axe, *b*, de la bielle *c d* et du levier *d e*. Pour que le diagramme donné soit réellement et exactement celui de la température de l'ampoule, il est nécessaire

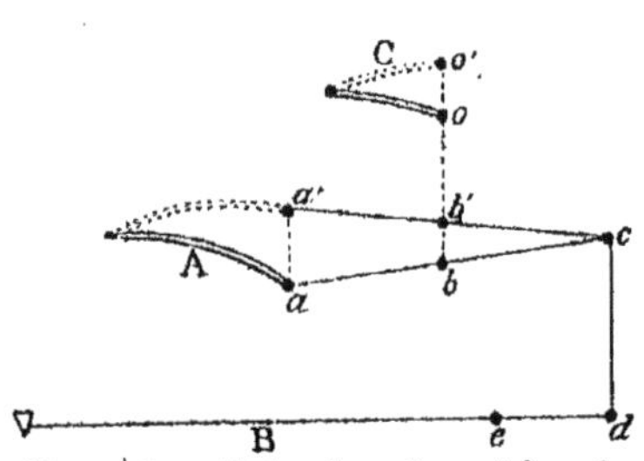

Fig. 83.— Principe 3ᵉ catégorie.

que la plume et le style restent immobiles quels que soient les mouvements particuliers que prenne le tube A sous l'influence de la température ambiante de l'endroit où le système enregistreur proprement dit est placé. Supposons que cette température s'élève et fasse venir l'extrémité mobile *a* en *a'* ; pour que la plume ne change pas de place, il faut et il suffit que l'ensemble *c d e*, c'est-à-dire le point *e*, reste immobile. Il faut donc que la température qui a mené le point *a* en *a'* amène l'axe d'oscillation *b* en *b'*. On obtient ce résultat en plaçant un second tube *c* dont le mouvement thermométrique est tel qu'il amène toujours l'axe d'oscillation au point voulu pour annuler l'effet du tube A ; il suffit pour cela que la marche du tube C soit à celle du tube A comme *b b'* est à *a a'*, c'est-à-dire comme *b c* est à *a c*. Pratiquement, ce résultat s'obtient d'une façon parfaite.

Enfin, dans la quatrième catégorie d'appareils pour mesurer les températures, nous trouvons les *pyromètres*, qui sont soit à gaz, soit à circulation d'eau. Les pyromètres à gaz sont constitués par un réservoir en acier communiquant par un tube filiforme avec un manomètre, le tout contenant de l'azote sec et pur ; l'appareil est construit et gradué suivant le principe que la pression de l'azote sous volume constant double pour une élévation de température de 273 degrés centigrades. On peut remplacer le manomètre par un enregistreur. Les pyromètres à circulation d'eau sont basés sur le principe suivant : un tube en métal est placé dans le foyer dont on veut connaître la température ; si l'on envoie dans ce tube un courant d'eau avec une vitesse connue et suffisante pour éviter la vaporisation, la différence de température de l'eau à l'entrée et à la sortie donne la température du foyer, c'est-à-dire le degré pyrométrique.

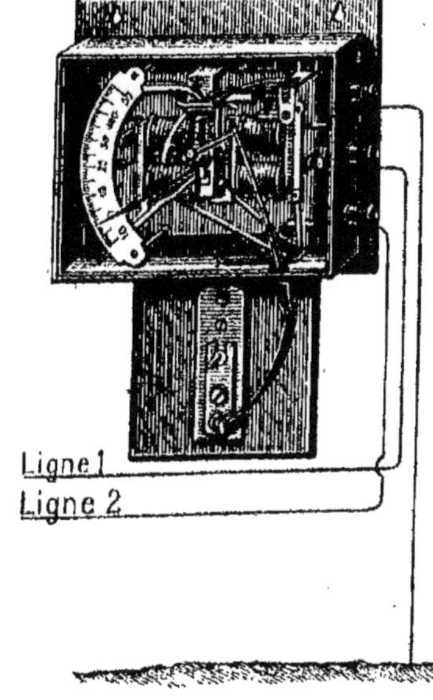

Fig. 84.
Transmetteur de scrutateur.

Nous venons de passer en revue un certain nombre d'appareils pour la mesure de la température ; nous terminerons ces notes en disant quelques mots d'appareils très intéressants qui touchent à cette mesure ; nous voulons parler des transmetteurs à distance de la température. Ces appareils sont de deux classes : les trans-

metteurs à distance proprement dits et les scruta-
teurs, suivant que l'on veut avoir, en un point
donné, une indication continue de la température
existant en un autre point éloigné, ou savoir simplement, à un instant déterminé, quelle est la température de ce point ; ces appareils fonctionnent électriquement. Les premiers se composent de deux postes,
le transmetteur et le récepteur ; grâce à la disposition
électrique du système, la plume du récepteur enregistreur indique à chaque instant les indications du
transmetteur. Dans le scrutateur destiné aux installations de chauffage ou de réfrigération, on peut, en
appuyant simplement sur un bouton, connaître la
température de différentes pièces éloignées ; le bouton, dans ce cas, ferme un circuit électrique qui réunit
le poste transmetteur au poste récepteur, dont les
indications sont données par une aiguille qui tourne
sur un cadran.

CONTROLEURS ENREGISTREURS DE RONDES ET DE PRÉSENCE

Les appareils désignés sous les noms de contrôleurs
de rondes de veilles ou de présence servent à vérifier
le passage ou la présence d'un employé dans un
endroit déterminé, à un moment donné. En conséquence, ils se composent essentiellement d'un mouvement d'horlogerie faisant mouvoir une feuille de
papier sur laquelle l'employé inscrit directement ou
indirectement un signe convenu pour noter son passage ou sa présence.

Les contrôleurs à inscription directe sont purement
mécaniques ; ils se divisent en deux classes suivant
que l'instrument portatif est entre les mains de l'em-

ployé qui doit le porter successivement aux différents postes pour y inscrire un signe convenu à l'aide d'un organe fixé à ces endroits, ou que chaque poste comporte un appareil contrôleur fixe sur lequel l'agent contrôleur doit venir agir aux heures fixées.

L'inscription directe est employée dans le système à transmission électrique ; le contrôleur est, dans ce cas, hors de la vue de l'employé, par exemple dans le bureau du directeur ou du chef d'industrie ; et il est relié électriquement avec un système de contacts sur lequel agit le veilleur pour se faire contrôler.

Nous arrêterons ici les indications que nous voulions exposer sur les enregistreurs ; ce que nous avons dit de ces appareils suffit à faire comprendre leur importance et à indiquer que, dans toutes les industries, ce genre d'appareils peut, à un moment donné, rendre de grands services.

CHAPITRE XII

LES MOYENS DE CHAUFFAGE

L'industriel est appelé le plus souvent à rechercher un moyen de chauffage non seulement pour les bureaux de son usine mais aussi pour ses ateliers. Dans nombre d'industries le personnel ouvrier est pour ainsi dire immobile et il est indispensable que les locaux où il travaille soient chauffés. Nous donnerons donc ici quelques indications sommaires sur les différents systèmes de chauffage.

CHAUFFAGE PAR CHEMINEES

Le chauffage par cheminées est le plus déplorable qui existe au point de vue de la dépense ; on ne sait pas assez que, lorsqu'on fait du feu dans une cheminée 85 %, et même quelquefois 90 % de la chaleur dégagée s'en vont en pure perte dans la cheminée, ne contribuant ainsi nullement au chauffage de la pièce.

CHAUFFAGE PAR CHEMINÉES PERFECTIONNÉES

Les cheminées perfectionnées sont des appareils qui se placent dans les cheminées ordinaires et qui en améliorent le rendement. Elles sont basées soit sur une augmentation du rayonnement de la cheminée, soit sur l'utilisation de la chaleur emportée par la fumée. Le rayonnement peut être augmenté en remplaçant le fond de la cheminée ordinaire par une plaque de fonte à nervures ; la fonte est très rayonnante par elle-même et cette qualité s'accroît grâce à la grande surface que l'on obtient au moyen des nervures.

L'utilisation de la chaleur emportée par la fumée est appliquée dans les appareils Joly, Péclet, Fondet, etc. Le principe de ces appareils est l'établissement d'une circulation d'air tout autour des conduits qui emportent la fumée. Cet air se réchauffe à ce contact, et il est rejeté dans la pièce par des bouches de chaleur.

CHAUFFAGE PAR POÊLES OUVERTS, FERMÉS ET A COMBUSTION LENTE

Les poêles ouverts n'ont pas de tuyau d'échappement des produits de la combustion ; ils sont connus plutôt sous le nom de braseros et ne conviennent naturellement pas à des intérieurs. Les poêles fermés sont soit des poêles ordinaires à tuyau d'échappement sans circulation d'air, soit des poêles calorifères à tuyau d'échappement et à circulation d'air. Enfin les poêles à combustion lente sont habituellement mobiles ; ils renferment un magasin de combustible ; dans certains cas, ils sont à feu visible ; montés sur roulettes, ils portent une poignée qui permet de les conduire d'une cheminée à une autre. Le tuyau d'évacuation des gaz se place dans la cheminée ; à cet effet, le rideau de celle-ci reste relevé et est remplacé par un rideau spécial dans lequel une ouverture laisse passer le tuyau ; ce rideau spécial est muni de coulisses qui permettent de le placer dans le cadre de la cheminée quelles que soient les dimensions de ce cadre.

L'usage des poêles à combustion lente s'est beaucoup répandu depuis quelques années ; des accidents mortels ont prouvé que leur emploi nécessitait de grandes précautions que nous allons résumer ici d'après les indications du Conseil d'hygiène publique de la Seine en 1889.

Les combustibles destinés au chauffage et à la cuisson des aliments ne doivent être brûlés que dans les cheminées, poêles et fourneaux qui ont une communication directe avec l'air extérieur, même lorsque le combustible ne donne pas de fumée. Le coke, la braise et les diverses sortes de charbon qui se trouvent dans ce dernier cas, sont considérés à tort comme pouvant être brûlés impunément à découvert dans une chambre habitée. Aussi doit-on proscrire l'usage des braseros, des poêles et des calorifères portatifs de tout genre qui n'ont pas de tuyau d'échappement au dehors. Les gaz qui sont produits pendant la combustion par ces moyens de chauffage et qui se répandent dans les pièces où l'on travaille sont plus nuisibles que la fumée de bois.

Il ne faut jamais fermer complètement la clef d'un poêle ou la trappe intérieure d'une cheminée qui contient encore de la braise allumée.

Il faut interdire formellement l'emploi des appareils et poêles économiques à faible tirage, dits poêles mobiles, dans les chambres à coucher et les pièces adjacentes. L'emploi de ces appareils est dangereux dans les locaux occupés en permanence par des employés, et dont la ventilation n'est pas largement assurée par des orifices constamment et directement ouverts à l'air libre.

Dans tous les cas, le tirage doit être convenablement garanti par des tuyaux ou cheminées présentant une section et une hauteur suffisantes, complètement étanches, n'ayant aucune fissure ou communication avec les appartements contigus, et débouchant au-dessus des fenêtres voisines. Il est indispensable à cet effet, avant de faire fonctionner le poêle mobile, de vérifier l'isolement absolu des tuyaux ou cheminées qui le desservent.

Il ne suffit pas qu'un poêle portatif soit muni d'un bout de tuyau destiné à être engagé simplement sous la cheminée de la pièce à chauffer ; il faut que cette cheminée ait un tirage convenable.

Il importe pour l'emploi de semblables appareils de vérifier préalablement l'état du tirage, par exemple à l'aide de papier enflammé. Si l'ouverture momentanée d'une communication avec l'extérieur ne lui donne pas l'activité nécessaire, on fera directement un peu de feu dans la cheminée avant d'y adapter le poêle ou, au moins, avant d'abandonner le poêle à lui-même. Il sera bon, dans le même cas, de tenir le poêle un certain temps en grande marche (avec la plus grande ouverture du régulateur).

On prendra scrupuleusement ces précautions chaque fois que l'on déplacera un poêle mobile.

On se tiendra en garde, principalement dans le cas où le poêle est en petite marche, contre les perturbations atmosphériques qui pourraient paralyser le tirage et même déterminer un refoulement des gaz à l'intérieur de la pièce. Il est utile, à cet effet, que les cheminées ou tuyaux qui desservent le poêle soient munis d'appareils sensibles indiquant que le tirage s'effectue dans le sens normal.

Les orifices de chargement doivent être clos d'une façon hermétique. Il est nécessaire de ventiler largement le local chaque fois qu'il vient d'être procédé à un chargement de combustible.

CALORIFÈRES A AIR CHAUD

Les calorifères à air chaud sont placés dans les parties basses de l'édifice dans lequel ils envoient de l'air chaud par des conduites spéciales et des bouches de chaleur.

Il y a de nombreux types de calorifères à air chaud ; mais, en principe, un tel calorifère se compose d'un foyer, analogue à celui des poêles, surmonté d'une calotte appelée cloche. Du sommet de cette cloche partent des conduits que parcourent les gaz chauds de la combustion pour gagner la cheminée.

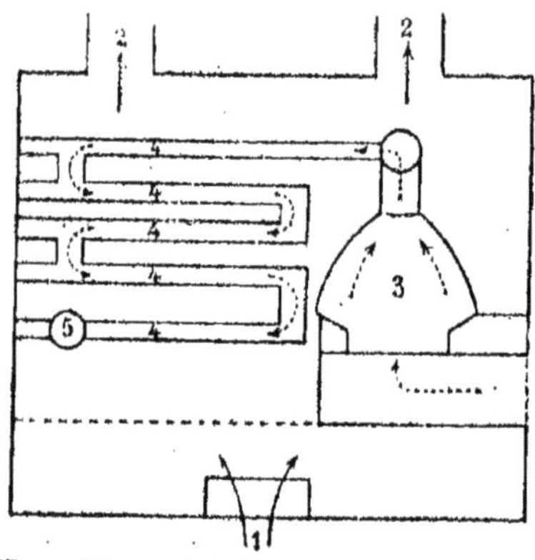

Fig. 85. — Schéma de calorifère à air chaud.

L'air destiné au chauffage des appartements entre dans l'appareil par des ouvertures spéciales, passe autour de ces conduits et se rend dans une capacité placée au-dessus du foyer ; de cette capacité partent les conduits de distribution de cet air.

L'air que l'on envoie ainsi dans des pièces habitées doit être aussi pur que possible et souvent la chose n'est pas facile à réaliser ; c'est, en effet, dans les parties hautes de l'atmosphère que l'air se trouve être le plus exempt de miasmes ; mais, pratiquement, on doit se contenter de prendre l'air à la surface du sol en raison des dépenses trop fortes que demanderait la prise de l'air dans des parties plus hautes.

On doit donc prendre les précautions nécessaires

pour éviter toutes les causes possibles de contamination de l'air.

On peut, dans certains cas, prendre l'air directement dans la cave où est installé le calorifère ; mais il faut alors que la cave soit très bien aérée, saine, sèche et ne serve de dépôt à aucune marchandise ; lorsque la cave ne répond pas à ces conditions, il faut prendre l'air à l'extérieur par des prises d'air particulières qui doivent être au moins au nombre de deux, placées dans une orientation tout à fait différente afin d'éviter toute influence fâcheuse du vent.

D'une façon générale, on prend toutes les dispositions nécessaires pour qu'autour de ces prises d'air il n'y ait aucune cause d'insalubrité. Enfin on empêche l'accès des animaux par des grillages placés devant les ouvertures du calorifère.

La distribution de l'air chaud aux divers étages se fait, soit par un conduit principal sur lequel on branche à chaque étage un conduit secondaire, soit par conduits séparés, chaque étage ayant son conduit qui lui est propre et ne dessert que lui. On évite par cette dernière disposition les difficultés que l'on éprouve à obtenir le fonctionnement régulier de chaque branchement dans le premier système ; il arrive, en effet, souvent dans ce cas, que les bouches supérieures prennent plus d'air qu'elles ne devraient le faire et que le rez-de-chaussée, par exemple, loin d'être chauffé soit au contraire ventilé, c'est-à-dire que les bouches qui le desservent aspirent l'air qu'il contient ; il y a donc, alors, un refroidissement du local du rez-de-chaussée ; les mêmes inconvénients peuvent se retrouver pour d'autres étages si les calculs de canalisation et d'ouvertures n'ont pas été bien faits.

Un calorifère à air chaud ne peut guère, dans les conditions habituelles, chauffer à une distance supérieure à 15 mètres ; dans des cas particuliers, on peut assurer une insufflation d'air, par des procédés mécaniques, dans le calorifère : le chauffage peut alors être assuré à une distance d'une cinquantaine de mètres. Mais ce système est peu économique et a l'inconvénient de produire à la sortie des bouches un courant d'air assez gênant.

L'air chaud se rend, des calorifères aux locaux à chauffer, par des gaines montantes ; ces gaines sont construites comme les conduits de fumée eux-mêmes, c'est-à-dire en briques ordinaires, en briques cintrées, ou en poteries en terre cuite dites « wagons » et dans l'établissement de ces gaines on prend les mêmes précautions contre l'incendie que pour les conduites emmenant les produits de la combustion ; il arrive, en effet, des cas où, par suite de l'élévation de la température extérieure, on ferme les bouches de chaleur ; l'air ne circulant plus qu'en petite quantité dans le calorifère, peut atteindre alors une température de 300 à 400 degrés, capable d'enflammer spontanément tout corps combustible adjacent.

Les gaines montantes ne doivent jamais se placer dans les murs de face à cause des refroidissements possibles ; elles se mettent dans les murs de refend de la construction ; elles doivent avoir une pente ascendante continue depuis le calorifère jusqu'aux bouches de chaleur et la pente ne doit pas descendre à moins de 0 m. 03 par mètre. Elles doivent suivre le chemin le plus court.

Les bouches de chaleur sont de différents modèles ; on les trouve toutes faites dans le commerce et on peut les choisir à son gré.

L'emplacement des bouches de chaleur est très important : tout d'abord il faut tenir compte de la remarque qui a été faite tout à l'heure et qui signalait que la température de l'air chaud pouvait atteindre de 300 à 400 degrés : des incendies ont été provoqués dans des locaux par cette entrée d'air à une température aussi élevée. Il faut donc éviter de placer une bouche de chaleur contre des matières facilement inflammables ; de plus il faut soigneusement se rendre compte des espaces qui seront fatalement occupés par de gros meubles ou de grosses pièces, car ceux-ci pourraient obstruer l'entrée de l'air.

Certains fabricants vendent des filtres à air que l'on place devant les bouches de chaleur ; ces filtres renferment une substance qui laisse passer l'air et retient les poussières. Ils sont naturellement d'un certain prix ; aussi peut-on tout simplement, sans dépense, se fabriquer un filtre économique, qui n'a évidemment pas le rendement du premier, mais qui, cependant, peut, dans certains cas, rendre de grands services ; il suffit de fixer avec quatre petits clous une toile à laver à grosses mailles et bien propre devant la bouche de chaleur ; de temps en temps on retire la toile pour la nettoyer : d'ailleurs, l'état de saleté dans lequel se trouve cette dernière quand on l'enlève prouve surabondamment quelle poussière peut amener dans un local un chauffage à air chaud, et dans certaines industries une pareille poussière peut être très nuisible.

Comme nous le disions plus haut, il y a une infinité de systèmes de calorifères à air chaud ; nous ne pouvons entrer ici dans la description de tous ces appareils : nous dirons seulement que la plupart d'entre eux sont à paroi métallique ; ils sont en outre renfermés dans une maçonnerie qui les isole du reste du bâtiment et on peut les classer en trois groupes suivant la disposition des conduits de fumée autour desquels se réchauffe l'air destiné aux bouches de chaleur : calorifères à conduits de fumée verticaux ; calorifères à conduits de fumée horizontaux ; calorifères à conduits de fumée verticaux et horizontaux. Les conduits de fumée verticaux ont un rendement beaucoup plus avantageux que les conduits de fumée horizontaux, mais ils sont plus compliqués que les autres comme construction.

CHAUFFAGE A EAU CHAUDE

Le chauffage à eau chaude consiste à faire circuler, dans l'immeuble, de l'eau qui a été chauffée au contact d'un foyer. Le principe est le suivant : l'eau chauffée par le foyer dans les parties basses de l'édifice acquiert une densité moindre que lorsqu'elle était froide ; il en résulte qu'elle s'élève dans la canalisation, et qu'elle est remplacée par de l'eau plus froide arrivant au contact du foyer. L'eau chaude circule dans les tuyaux de distribution, passe dans les surfaces chauffantes et parvient au sommet de l'immeuble dans un vase d'expansion qui est le régulateur de tout le système ; de ce vase une canalisation ramène vers le foyer l'eau qui s'est refroidie ; on obtient ainsi un circuit fermé.

L'ensemble de l'appareil comprend donc : 1º une chaudière ; 2º un circuit de distribution ; 3º des surfaces de chauffe ; 4º des accessoires dont le plus important est le vase d'expansion qui permet la dilatation du liquide de tout le système sous l'influence de la chaleur. Les différents systèmes de chauffage à eau chaude se classent en trois groupes : les systèmes sans pression, où le vase d'expansion est en libre communication avec l'atmosphère ; les systèmes avec moyenne pression où l'eau atteint une pression de 1 à 2 kilos ; enfin les systèmes à haute pression où l'eau a une pression de 15 à 25 kilos. Dans ces deux derniers cas, le vase d'expansion est fermé par une soupape.

Quant aux surfaces de chauffe, ou radiateurs, elles peuvent être placées soit dans l'intérieur même du local à chauffer, soit extérieurement.

Dans ce dernier cas, elles sont installées dans l'épaisseur même des murs, dans des coffres spéciaux ; l'air qui circule dans ces coffres s'échauffe à leur contact et la pièce à chauffer reçoit cet air par des bouches.

Fig. 86. — Chaudière pour chauffage d'eau chaude.

Pour qu'on se rende compte de l'étendue que doit avoir la surface de chauffe nous indiquerons, à titre d'indication, que dans le chauffage à moyenne pression on peut compter qu'un mètre carré de surface de chauffe est nécessaire pour un cube de pièce de 25 à 30 mètres; et comme capacité de chaudière on peut évaluer qu'il faut environ 35 litres par mètre carré de surface de chauffe.

Les systèmes de chauffage à eau chaude sont aussi désignés sous d'autres expressions qu'il faut connaître : le système sans pression se nomme aussi « chauffage à grand volume d'eau » ; le système à moyenne pression est synonyme de « chauffage à moyen volume d'eau » ; enfin le système à haute pression est le même que le « chauffage à petit volume d'eau ». On conçoit, en effet, que plus la pression de l'eau est forte, plus sa température est élevée, puisque c'est de l'eau chauffée en vase clos ; il faut donc moins d'eau pour chauffer, puisque cette dernière est plus chaude.

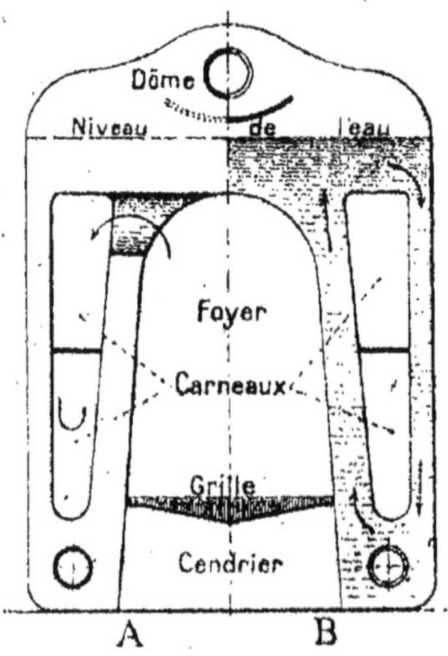

Fig. 87.
Coupe de chaudière pour chauffage à eau chaude.

Le système à haute pression nécessite une installation très soignée en raison des fuites toujours à craindre et la résistance des canalisations doit être éprouvée avec soin ; cet essai s'effectue au moyen d'une pompe foulante donnant une pression de deux cents atmosphères dans tout le circuit.

Les systèmes les plus répandus sont le système à moyenne pression et le système sans pression. Ce dernier, de tous les chauffages centraux, est celui qui est à préférer pour les petites installations. Il est très simple et il a pu être rendu pratique pour le cas où la chaudière est au même niveau que les radiateurs ; c'est la condition où l'on se trouve quand on veut chauffer des locaux situés au même étage par une chaudière placée à leur niveau. Tout se passant alors dans un seul plan on ne peut plus compter sur la différence de densité de l'eau chaude et de l'eau refroidie pour assurer une circulation de l'eau. Il faut que l'on donne à l'eau son mouvement de circulation par des procédés spéciaux qui reposent sur l'allégement de la colonne montante d'eau chaude et qui sont dits à accélération. Les deux procédés employés sont la pulsion et l'émulsion. La pulsion de l'eau peut être assurée mécaniquement, notamment au moyen d'une pompe ou par injection de vapeur.

L'émulsion étant basée sur des phénomènes physiques plus compliqués, nous allons en donner ici une explication qui permettra de se rendre compte du phénomène.

Supposons que nous ayons une chaudière C surmontée d'un récipient (1) au-dessus duquel est placé un réservoir (3). Le récipient et le réservoir communiquent par un tube (2) fermé par une soupape (6). La canalisation qui dessert les locaux à chauffer part du fond du réservoir et va dans les différents radiateurs (4) ; elle revient à la chaudière par un tuyau muni d'une soupape (7), un peu avant son entrée dans la chaudière.

Supposons maintenant tout le système arrêté ; les deux soupapes (6) et (7) interceptent la circulation ; nous chauffons la chaudière : l'eau se vaporise et remplit le haut du récipient (1); au fur et à mesure que nous chauffons il se forme de la vapeur ; à un moment donné, la pression de cette vapeur devient suffisante pour vaincre la résistance qui lui est offerte par le poids de l'eau contenue dans le réservoir et dans le tuyau (2) et par la soupape (6). La vapeur contenue dans le récipient pousse alors devant elle l'eau du récipient qui chasse elle-même celle du tuyau (2). La soupape est soulevée et le réservoir reçoit de l'eau. Il arrive un moment où l'extrémité inférieure du tuyau (2) se trouve hors de l'eau ; la vapeur passe alors librement et arrive dans le réservoir ; dans ces conditions, la pression baisse dans le récipient et la colonne montante, Il arrive un moment où cette pression n'est plus suffisante pour résister à celle qu'exerce sur la soupape (7) l'eau contenue dans la conduite de retour (5). La soupape (7) s'ouvre alors et l'eau de la conduite de retour pénètre dans la chaudière où elle remplace l'eau chaude qui passe dans le récipient (1) ; elle refoule la vapeur que ce dernier renferme et elle peut même monter dans le vase (3).

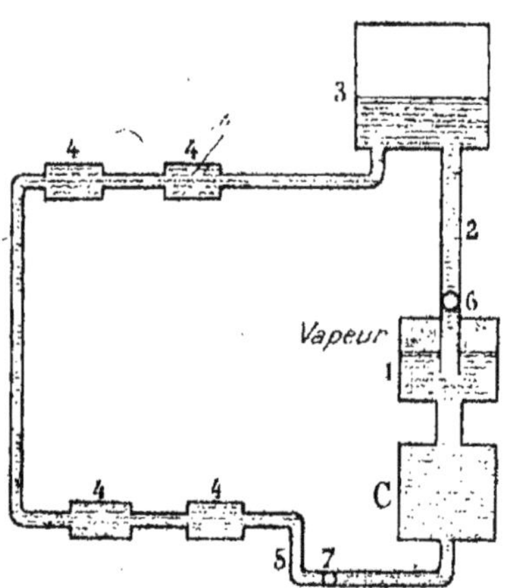

Fig. 88. — Principe de chauffage par émulsion.

Ce mouvement s'arrête quand la différence des pressions dans la colonne froide et dans la colonne chaude ne peut plus maintenir soulevées les soupapes ; la circulation se trouve alors interrompue : l'eau dans la chaudière s'échauffe et le même cycle d'opérations recommence.

Dans certaines installations de chauffage à eau chaude on place la chaudière contre le fourneau de la cuisine, et on lui donne tout à fait l'aspect de ce dernier. Le dessus de la chaudière est constitué par une plaque de fonte munie de rondelles et le chargement se fait par en haut comme dans le fourneau. Tout est disposé pour la simplification. Nous insisterons sur le fait qu'une pareille chaudière peut difficilement remplacer le fourneau ; ces deux appareils ont un service absolument différent ; la cuisine notamment exige qu'à certains moments on pousse le feu, tandis que le fonctionnement des radiateurs demande de la régularité dans la marche de la chaudière. Des chaudières installées de cette façon rendent des services pour maintenir des plats au chaud ou chauffer de l'eau.

Dans tous les systèmes de chauffage à eau chaude (comme dans les chauffages à la vapeur et plus encore pour ceux-ci) une remarque s'impose ; c'est que les installations doivent être faites avec le plus grand soin ; il faut toujours s'adresser à une maison tout à fait sérieuse car une installation mal comprise et peu soignée amènera de graves mécomptes.

CHAUFFAGE PAR LA VAPEUR

Le chauffage par la vapeur est basé sur le fait que cette dernière repassant à l'état liquide abandonne une grande quantité de chaleur. La vapeur est facilement transportable à de grandes distances, sans perte excessive de chaleur.

Les systèmes de chauffage par la vapeur se classent en trois groupes : chauffage par la vapeur à haute pression, chauffage par la vapeur à pression moyenne, chauffage par la vapeur à basse pression ou sans pression, suivant que la vapeur atteint une pression de 9 à 4 kilos, de 4 à 1 kilos, de moins de 1 kilo.

C'est le système de chauffage par la vapeur à basse pression qui est le plus simple. La chaudière employée dans ce système rentre, par décret du 1er mai 1881, dans la troisième catégorie des appareils à vapeur, c'est-à-dire qu'elle peut être placée dans n'importe quel endroit des locaux habités ; ce système coûte certainement beaucoup plus cher à installer que le chauffage à air chaud, mais il a sur ce dernier de très grands avantages. Tout d'abord s'il faut évaluer, il est vrai, la dépense d'installation à environ 50 % plus cher avec ce système, on doit bien remarquer que la dépense de combustible est beaucoup moindre; car on place des régulateurs automatiques qui règlent le feu suivant la quantité de chaleur nécessaire dans l'édifice. Il n'y a donc plus de combustible brûlé en pure perte ; de plus la main-d'œuvre pour conduire l'appareil est peu importante, le chargement du foyer se faisant d'une façon continue.

Fig. 89. — Chaudière pour chauffage à vapeur basse pression.

Enfin ce chauffage est hygiénique, car il n'introduit pas, comme le chauffage à air chaud, des poussières dans les locaux.

Le chauffage à moyenne pression convient aux établissements publics, prisons, écoles, partout où un homme sera affecté spécialement à la marche des appareils ; avec ce système la canalisation peut atteindre 800 mètres de développement. La chaudière est timbrée à un chiffre supérieur à la pression que devra avoir la vapeur dans la canalisation ; la vapeur devra donc passer dans des détendeurs qui ramèneront sa pression au chiffre d'emploi.

Le chauffage à haute pression, rarement employé, convient à de grands établissements. La canalisation peut atteindre un kilomètre de développement. Ce système permet l'emploi d'une canalisation d'un petit diamètre, ce qui réalise une économie sensible sur de telles longueurs. Il faut des canalisations très robustes ; de plus une semblable installation ne convient qu'à des locaux industriels où le bruit fait par l'appareil n'a pas d'importance.

CHAUFFAGE PAR LE GAZ DE HOUILLE

Nous avons traité cette question au chapitre des applications du gaz ; nous n'avons donc pas à y revenir ici.

CHAUFFAGE ÉLECTRIQUE

Nous avons également parlé de ce chauffage dans un chapitre précédent (celui des applications industrielles de l'électricité).

CHAUFFAGE AU PÉTROLE, A L'ESSENCE, A L'ALCOOL

Ces systèmes sont plutôt destinés à des chauffages intermittents; cependant ils peuvent rendre des services, notamment les poêles à pétrole, pour élever rapidement la température d'un bureau ou d'un petit local où l'on se tient un temps relativement court.

CHAUFFAGE A L'ACÉTYLÈNE

L'acétylène a un grand pouvoir calorifique qui le rendrait intéressant pour le chauffage s'il n'était d'un prix si élevé. Tous les calorifères utilisés pour le gaz de houille peuvent être transformés pour servir à l'acétylène par un simple changement du brûleur et de l'injecteur.

REMARQUES GÉNÉRALES SUR LES DIFFÉRENTS SYSTÈMES DE CHAUFFAGE

En somme, cette question du chauffage est très délicate et c'est à chacun à bien étudier le système qui lui convient le mieux. Nous avons donné des indications qui permettent de se guider au milieu des différents procédés qui ont surgi ; nous pourrons conclure cette petite étude de la façon suivante : les poêles et les calorifères à air chaud nécessitent un budget moindre que la vapeur et l'eau chaude, mais, avec cette remarque, que dans bien des cas le chauffage à air chaud, moins cher comme installation, peut être plus cher à l'emploi qu'un chauffage à la vapeur bien conduit, ce dernier pouvant rattraper son excédent d'installation par une économie de combustible.

Dans tous les cas, il faut choisir un système qui ne modifie pas les proportions et la composition chimique de l'air que l'on respire, et prendre des appareils dont les parois soient bien étanches pour éviter l'émanation de l'acide carbonique et de l'oxyde de carbone dans le local.

Il faut à ce propos bien se rappeler que la fonte rougie se laisse traverser par l'oxyde de carbone. Les appareils à combustion lente doivent toujours être employés avec une grande prudence, car ils sont dangereux autant pour celui qui les emploie que pour le voisin qu'ils peuvent venir empoisonner par sa cheminée.

CHAPITRE XIII

LES MÉTAUX ET LA HOUILLE

Nous avons, dans ce chapitre, groupé quelques indications sur les métaux les plus usuels et nous y avons complété de quelques mots ce que nous avions déjà dit de la houille au chapitre de la force motrice, paragraphe de la machine à vapeur.

LE FER, LA FONTE ET L'ACIER

Le fer est un des métaux les plus utilisés ; les minerais de fer sont nombreux dans la nature et le plus souvent ils doivent être extraits du sol, ce qui donne lieu à une exploitation de mines. Les minerais extraits sont triés, broyés et lavés. Ils sont ensuite traités dans un haut fourneau dont la fonction est de donner de la fonte. Les minerais arrivent au haut fourneau au moyen de wagonnets qui les y déversent ; alternativement d'autres wagonnets déversent dans le haut fourneau du charbon. La partie inférieure du haut fourneau est très rétrécie ; puis le haut fourneau s'élargit beaucoup et va ensuite en se rétrécissant jusqu'à sa partie supérieure. On insuffle de l'air dans l'appareil. Le charbon en brûlant décompose le minerai et en sépare le fer qui, en réalité, n'est pas pur ; sous l'influence de la chaleur il s'est combiné à une petite quantité de charbon et il s'est transformé en fonte. Pour extraire cette fonte du haut fourneau on fait un trou au bas de l'appareil et le métal fondu coule dans des rigoles.

Avec la fonte on fabriquera le fer et l'acier, ce dernier pouvant aussi être fabriqué en partant du fer.

Pour transformer la fonte en fer, il faut lui enlever son charbon, « son carbone ». A cet effet on fait passer un courant d'air sur de la fonte fondue ; l'air brûle le charbon en donnant naissance à des produits gazeux qui s'échappent ; il reste un bloc de fer ; cette masse de fer passe sous le marteau-pilon qui lui enlève ses impuretés appelées scories.

L'acier est du fer contenant un peu de carbone, mais moins que la fonte. On fabrique l'acier soit en enlevant à la fonte un peu de son carbone (procédé de décarburation de la fonte), soit, au contraire, en ajoutant du carbone au fer (procédé de carburation du fer).

Rappelons que le fer galvanisé est le fer recouvert de zinc ; quant au fer recouvert d'étain, il porte le nom de fer-blanc ou de fer étamé.

Les fontes sont en général classées en six numéros d'après l'aspect que présente la cassure faite dans un morceau de fonte.

Nº 1. Cassure à grains très gros, à larges facettes, couleur noire.

Nº 2. Cassure à grains gros, couleur noire.

Nº 3. Cassure à grains moyens, couleur grise-noire.

Nº 4. Cassure à grain fin, serré, couleur grise.

Nº 5. Cassure à grain truité, couleur soit grise, soit blanche.

Nº 6. Cassure à grain blanc soit grenu, soit rayonné, soit rubané, soit spéculaire.

Les fontes renferment dans leur composition, outre le fer qui en est la partie fondamentale et le carbone qui entre dans une proportion variant de 2,5 à 4,5 %, un peu de manganèse, de soufre, de phosphore et de silicium.

Au point de vue de leur usage, les fontes se distinguent en plusieurs catégories que voici :

Fontes d'affinage ; ce sont celles qui sont destinées à la fabrication du fer ; elles correspondent aux numéros 4, 5 et 6.

Fontes Thomas ; destinées à la fabrication de l'acier par le procédé Thomas ; elles rentrent dans les numéros 4, 5, 6.

Fontes Bessemer ; destinées à la fabrication de l'acier par le procédé Bessemer ; elles rentrent dans les numéros 1 à 4 ; dans celles-ci on recherche la plus petite teneur possible en phosphore et en soufre.

Fontes de moulage ; destinées à la fabrication des pièces moulées ; elles correspondent aux numéros 1, 2, 3.

Pour certains procédés de fabrication des aciers, il est nécessaire d'avoir des compositions de fonte bien déterminées dans chaque cas.

Enfin on désigne sous le nom de composés ferro-métalliques des fontes spéciales dans lesquelles les éléments de composition de la fonte, c'est-à-dire le fer, le carbone, le manganèse, le silicium, le phosphore le soufre, sont unis dans des proportions très variables ; on obtient ainsi le ferro-manganèse, le ferro-silicium, le ferro-chrome, etc. A titre d'exemple, voici la composition d'un ferro-manganèse dit à 60 % c'est-à-dire dans lequel le manganèse entre dour 60 %.

Fer. . . . . 32,646 %
Manganèse 60,60
Carbone. 5,94
Silicium. 0,69
Phosphore. 0,124

Les aciers se divisent en aciers doux ou durs suivant leur teneur en carbone ; les aciers durs en renferment le plus. Voici quelques applications des aciers :

	Carbone %	Applications
Extra-extra doux	0.05 à 0.10.	Acier remplaçant le fer de Suède.
Extra doux.	0.10 à 0.15.	Pièces estampées, boulons, tirefonds, pointes, clous.
Très doux.	0.15 à 0.20.	Tôles fines, tôles pour navires et ponts, traverses de chemins de fer.
Doux . . .	0.20 à 0.25.	Ressorts de lits, pièces d'armes, bandages de voitures.
Doux . . .	0.25 à 0.30.	Socs de charrue de fortes dimensions, pièces mécaniques soumises à des efforts de flexion et de torsion.
Demi-dur. .	0.30 à 0,35.	Bandages et essieux pour wagons et locomotives, rails et éclisses.
Dur	0.35 à 0.45.	Bêches, pioches, pelles, coutellerie, socs de charrue.
Dur	0.45 à 0.50.	Fourches à fourrage, fleurets de mines, limes de fortes dimensions, marteaux.
Très dur. .	0.50 à 0.60.	Glissières et pièces de machines soumises au frottement, ressorts de voitures, wagons et locomotives, rails, bandages spéciaux.

	Carbone %	Applications
Extra-dur	0.65 à 0.80.	Outils tranchants divers, scies, fraises, limes, ressorts fins.

On fabrique en métallurgie des aciers spéciaux de propriétés particulières : aciers au manganèse, au tungstène, au silicium, au titane, au chrome, au nickel-chrome, au chrome tungstène, au nickel manganèse, aciers mangano-siliceux.

LE CUIVRE

Le cuivre se trouve dans la nature à l'état natif ou en minerais surtout sulfurés ; ces minerais sont traités par grillage pour en extraire le cuivre.

Le cuivre donne deux alliages importants : le bronze et le laiton. Le bronze est un alliage de cuivre et d'étain ; le laiton est un alliage de cuivre et de zinc ; il contient un peu de plomb et d'étain.

LE PLOMB, LE ZINC ET L'ÉTAIN

Le plomb est surtout tiré d'un minerai appelé galène qui est du sulfure de plomb. On grille ce minerai à l'air pour obtenir le plomb.

Les minerais de zinc et d'étain sont chauffés avec du charbon pour en retirer le métal qu'ils contiennent.

L'ALUMINIUM

L'aluminium est un métal essentiellement français, car l'honneur de l'avoir découvert revient à des chimistes de notre pays. Tout le monde connaît maintenant ce métal, qui ne se trouvait qu'exceptionnellement dans quelques laboratoires favorisés il y a encore une quarantaine d'années. Sa densité est tout à fait remarquable, puisqu'elle n'est que de 2,67 alors que celle du cuivre, par exemple, est de 8,9 et celle du plomb 11,4.

Ses usages sont nombreux. Industriellement on l'emploie dans la construction des automobiles pour une foule de pièces. Dans la construction des ballons dirigeables et des aéroplanes, il joue un rôle important. En électricité son importance augmente chaque jour surtout pour les conducteurs aériens, où, à égalité de conductibilité, le conducteur en aluminium ne pèse que la moitié du conducteur en cuivre ; il y a donc un avantage sérieux à employer l'aluminium chaque fois que son prix est inférieur au double de celui du cuivre. L'aluminium est encore employé en grande quantité dans la métallurgie de la fonte et de l'acier ; on utilise aussi des alliages d'aluminium et de nickel dont la résistance mécanique est deux et trois fois plus forte que celle de l'aluminium.

Dans la vie courante l'aluminium a pris une grande extension depuis quelques années et est beaucoup employé dans la fabrication de la batterie de cuisine et l'article de ménage. Plusieurs usines de France se sont adonnées spécialement à cette fabrication.

On trouve en somme l'aluminium un peu partout maintenant et des débouchés les plus inattendus lui sont ouverts : fers à cheval, agrafes inoxydables, grains de chapelet...

Nous signalerons simplement que, dans les usages de l'aluminium, l'important est de ne l'employer que parfaitement pur, c'est-à-dire complètement débarrassé des matières étrangères, ou scories, au milieu desquelles il se produit ; il est alors très malléable et se travaille facilement. Il résiste très bien aux agents de corrosion, car il est protégé par une mince couche d'alumine qui se dépose à sa surface ; l'alumine n'est autre que l'oxyde d'aluminium.

C'est notre grand chimiste Henri Sainte-Claire-Deville qui, le premier, en 1850, obtint ce métal en quantité suffisante pour le définir rigoureusement et en étudier la plupart des propriétés. Le procédé employé par ce savant était un procédé chimique (réaction du sodium sur le chlorure double d'aluminium et de sodium), et le premier morceau ainsi obtenu fut présenté à l'Académie des sciences le 20 mars 1854. A cette époque, le kilo d'aluminium revenait à 1.000 francs ; ce prix alla en diminuant progressivement selon l'échelle suivante :

En 1850, 1.000 francs ; en 1860, 300 francs ; en 1880, 80 francs.

A cette date la consommation mondiale atteignait 4.000 à 5.000 kilos par an, et tout ce métal provenait de notre usine française de Péchiney, à Salindre dans le Gard.

A partir de 1880, des inventeurs recherchèrent des procédés nouveaux pour la fabrication de l'aluminium et deux chimistes français, Héroult et Minet, étudièrent le procédé consistant à obtenir ce métal au moyen de l'électrolyse. C'est en 1886 qu'Héroult prit le brevet de ce genre de fabrication qui est appliqué aujourd'hui dans la plupart des usines.

Dans ce procédé, on dissout l'alumine dans un mélange de deux corps : le spath-fluor et la cryolithe, et l'on y fait passer le courant électrique : l'aluminium et l'oxygène se séparent.

Quant à l'alumine, elle provient d'un minerai appelé bauxite dont la Provence possède le plus riche gisement, le seul de cette importance qui soit actuellement connu. La bauxite extraite du sol subit dans

Fig. 90. — Vue intérieure de la salle des machines de l'usine La Praz pour la fabrication de l'aluminium.

des usines spéciales une série d'opérations qui permettent d'avoir l'alumine.

La fabrication de l'aluminium se résume donc ainsi :

Extraction de la bauxite.

Traitement de cette bauxite dans une première usine pour avoir l'alumine.

Traitement de l'alumine, dans une seconde usine, pour avoir l'aluminium.

La fabrication de l'alumine est une opération longue et délicate qui demande une grande quantité de combustible.

Quant aux usines fabricant l'aluminium, elles sont situées en régions montagneuses dans les vallées où les chutes d'eau permettent d'avoir le courant électrique nécessaire dans d'excellentes conditions de prix : le voyageur qui remonte, en Savoie, la vallée de la Maurienne, peut compter de Saint-Jean-de-Maurienne à Modane un certain nombre de ces usines dont la force représente au total un chiffre supérieur à 80.000 chevaux-vapeur. Ce pays très déshérité a été complètement transformé par ces belles installations ; c'est là un des plus puissants exemples que l'on puisse prendre pour montrer les heureuses transformations économiques produites dans les Alpes par l'utilisation de la houille blanche et la nécessité de conserver nos cours d'eau, et par suite nos forêts.

Ces usines comprennent toutes, en principe, une prise d'eau alimentant des turbines qui actionnent des dynamos réunies dans la salle des machines ; celles-ci fournissent le courant qui passe dans les fours à aluminium où a lieu l'électrolyse.

Bien entendu l'aménagement de chaque usine dépend de l'importance de celle-ci ; l'établissement des prises d'eau présente dans certains cas des difficultés très grandes ; c'est ainsi qu'à l'usine de Calypso, située au confluent de l'Arc et de la Valloirette, torrent qui vient du Galibier, l'énergie hydraulique est fournie par deux chutes de la Valloirette, l'ancienne de 135 mètres, la nouvelle de 600 mètres. L'aménagement de cette dernière nécessita des travaux très difficiles en raison du grand escarpement de la gorge du torrent ; la prise d'eau est située au-dessous de

Valloire et un tunnel de 4 kilomètres amène l'eau dans une chambre dite chambre de charge, d'où partent deux conduites de 1.500 mètres de long et de 650 millimètres de diamètre, débitant 2 mètres cubes à la seconde.

L'industrie de l'aluminium a subi une évolution importante ; cette évolution ne concerne ni les méthodes de fabrication ni les propriétés de l'aluminium ; elle est d'ordre purement économique et par suite d'un intérêt capital ; la fabrication de l'aluminium, protégée jusqu'à ces dernières années par des brevets, est devenue libre en France et aux Etats-Unis. Aussi de nouvelles usines se sont-elles montées et les anciennes ont doublé et même triplé leurs moyens d'action ; la production s'en est subitement trouvée accrue et les prix ont baissé d'environ 50 % ; nous avons indiqué plus haut la décroissance de ces prix jusqu'en 1880 ; depuis cette date où le kilo d'aluminium valait 80 francs, les prix sont passés par 10 francs en 1890, 4 francs en 1905 et 2 francs en 1908.

LA HOUILLE

Nous avons donné, au chapitre de la machine à vapeur, quelques renseignements sur la houille ; nous dirons ici quelques mots de son extraction. L'exploitation des mines de houille se fait au moyen de puits et de galeries, aboutissant d'un côté à ces puits et de l'autre à ce que l'on nomme le front de taille ; les fronts de taille sont les points où travaillent les ouvriers. Les ouvriers « abattent » la roche soit à la main, soit mécaniquement. L'abatage à la main se fait au moyen de divers outils dont le principal est le pic. L'abatage mécanique se fait au moyen d'explosifs que l'on place dans des trous, percés soit par l'homme avec un outil approprié, soit avec une perforatrice actionnée par l'air comprimé ou par l'électricité.

On emploie aussi, dans certains cas, des haveuses ou machines qui enlèvent la roche par copeaux ou en la sciant.

Les puits servent de communication entre l'intérieur de la mine et l'extérieur, c'est-à-dire qu'ils sont utilisés pour la descente des ouvriers, l'extraction du charbon, l'épuisement en eau de la mine et pour l'aération, etc.

Les transports à l'intérieur de la mine ou « roulage » se font au moyen de wagonnets sur rails qui sont traînés par des hommes, par des chevaux ou par des locomotives. On se sert aussi de paniers montés sur patins ou roulettes que l'on traîne sur le sol, sans employer de rails.

L'extraction se fait par des « cages », sorte de monte-charges, dans lesquelles on place les wagonnets chargés.

L'épuisement des eaux a lieu au moyen de pompes, et l'aérage s'obtient par des ventilateurs.

A la surface du sol se trouvent des installations importantes ; ce sont celles qui produisent la force motrice nécessaire à toute la mine. En général, on utilise les déchets de la houille sortie de la mine dans les machines à vapeur, lesquelles actionnant les dynamos et les compresseurs, produisent le courant électrique et l'air comprimé nécessaires. C'est aussi à la surface que se trouvent les installations de triage et de lavage de la houille.

TABLE ANALYTIQUE

TABLE DES MATIÈRES

CHAPITRE PREMIER

CHAPITRE II

CHAPITRE III

CHAPITRE IX

CHAPITRE X

CHAPITRE XI

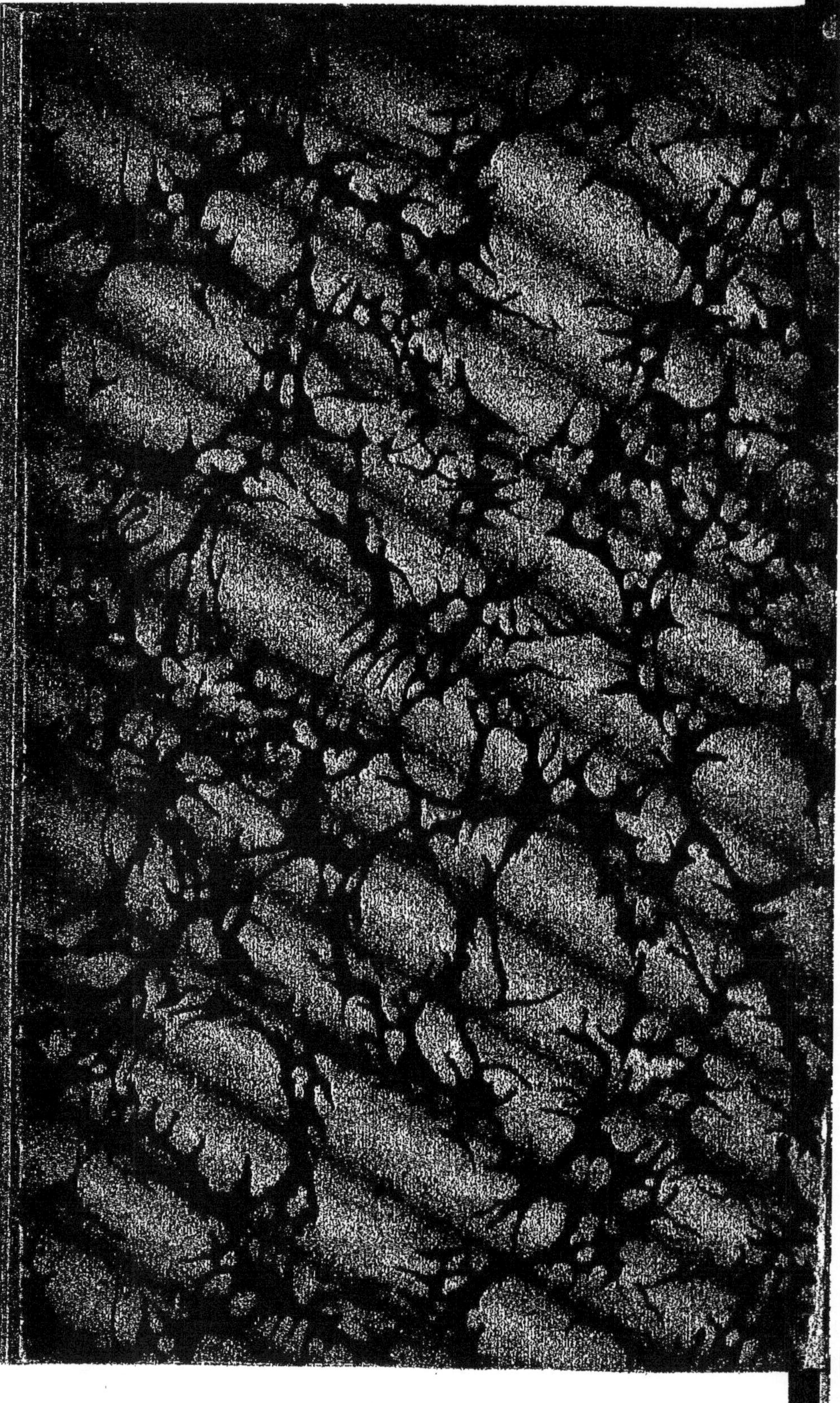

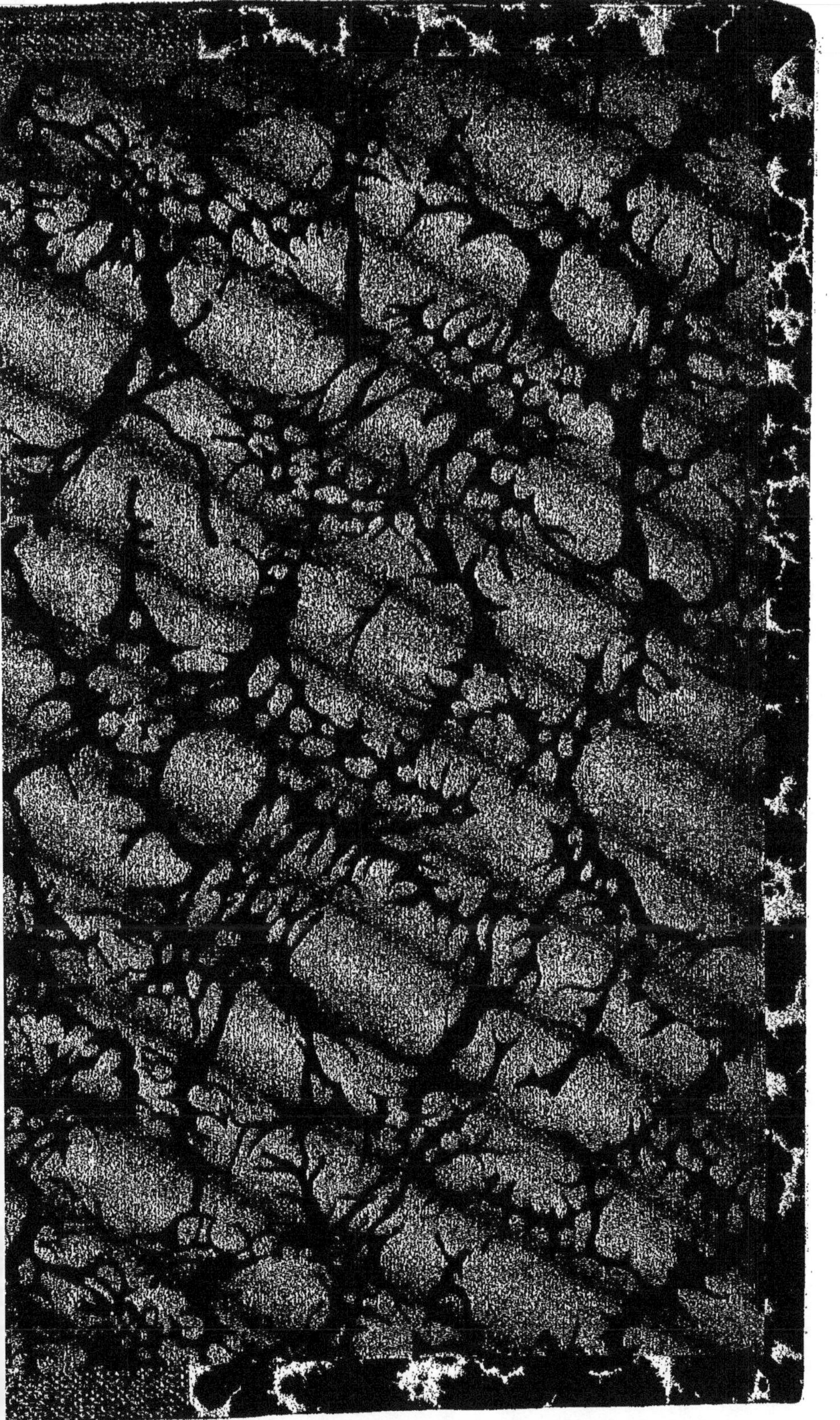

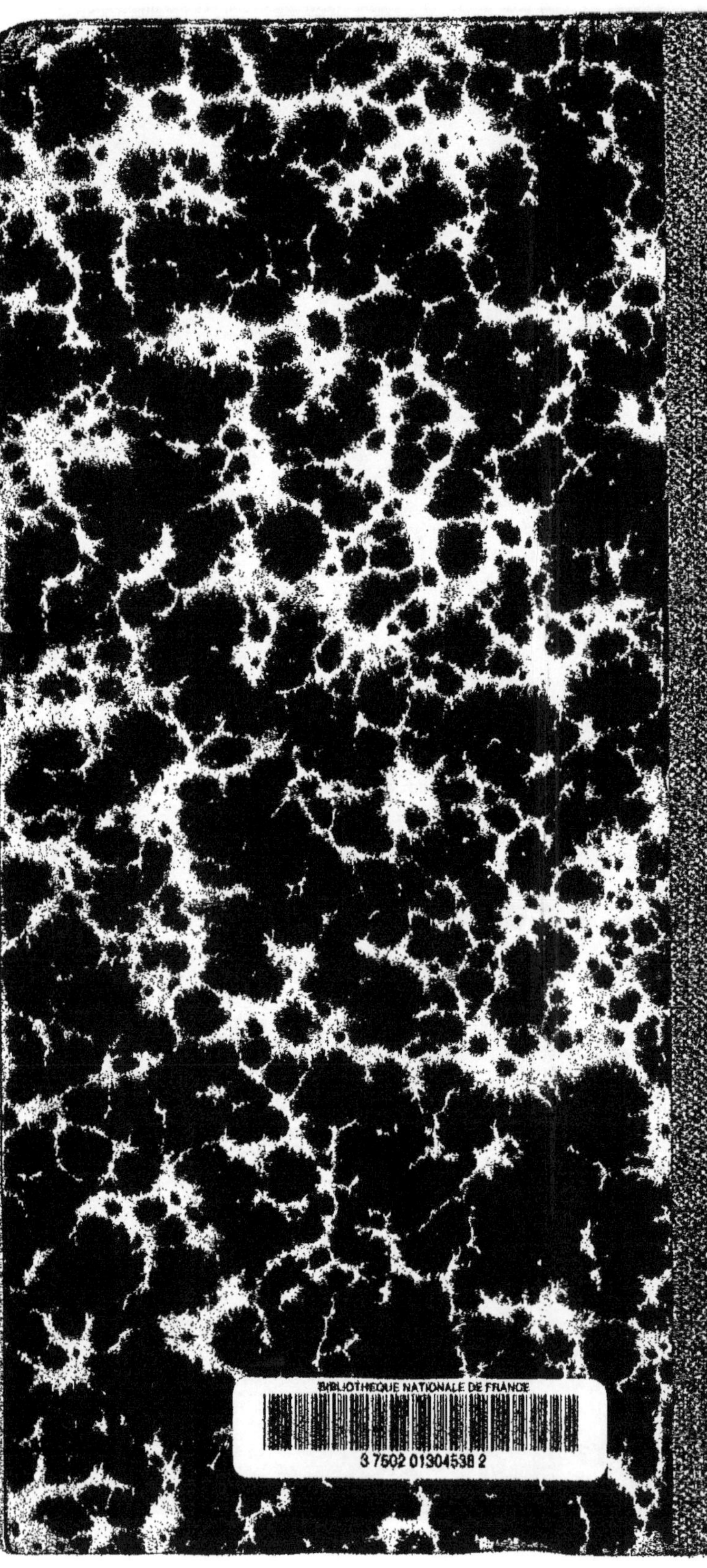